話す 聞く 考える

会社に縛られずに生きる「武器」

伊藤羊一

ビジネス社

はじめに

僕は幼少の頃からずっと、「人の話が理解できないし、自分の頭で考えることができないし、言葉でしっかり表現できない」人間で、そのことにコンプレックスを強く感じていました。

話を聞いているうちに、その人が何を言っているのか大抵わからなくなっていたし、ニュースなどのテレビ番組を見ていても、どんどん理解できなくなっていました。だから、ちょっと難しい本なども、全然読めませんでした。

そして、仕事上で自分の考えを問われると、何を答えればいいのかわからず、どんどん混乱してしまって頭が真っ白になっていくのが常でした。仕事で人に何かを説明する時も、説明しながら自分でも何を言っているのかわからなくなり、しどろもどろになりながら、それでも何とか説明し終えると、相手から「君の言っていることは、申し訳ないが本当にわけがわからない」と言われたことも何回もありました。仕事しながら少しずつ改善はしましたが、30代の半ばくらいまで、「俺はなんて頭が悪いんだ!」と思っていたし、考える力がないことが人にバレるのを恐れていました。

それが解決してきたのは、実はここ5年、10年なんです。いろいろ鍛えて、人の話を理解できるようになったし、「考えること」がどういうことかわかり、自分の頭でしっかりとものごとを考えられるようになりました。考えることができてからは、人にしっかりと伝えることもできるようになり、プレゼンテーションの指導などもするようになりました。

こんなことを言ってもなかなか信じてもらえないですが、事実です。中高一貫の進学校を卒業し、一浪はしましたが大学受験でうまくいったこともあり、「またまたぁ、そんなはずないでしょ」と言われますが、40歳くらいまでは、聞けない、考えられない、話せないの「三ない」状態だったんです。少なくとも、その部分に関するコンプレックスはひどいものでした。

2018年に『1分で話せ』(SBクリエイティブ)という本を出版し、60万部を超えるベストセラーになりましたが、あの本は、そんな「三ない」な僕が、考える力を身につけ、人に語れる（プレゼンテーションができる）ようになった過程を丁寧にまとめた本なのです。だから、わかりやすいし、実効性がある、ということなんです。

僕は「声で、未来を変える」というコーポレートメッセージを掲げる音声プラットフォーム〝Ｖｏｉｃｙ（ボイシー）〟のパーソナリティとして「明日からの元気の源になる話」という番組を3年以上やっています。放送回数は１０００回を超え、総再生回数は５００万回。おかげさまで、たくさんの人に楽しんでいただいております。

自分でも、面白い放送ができていると思います。そう思うのは、時々、ですが（笑）。

特にテーマは決めていないので、話題は様々です。

その中で、自分が「三ない」状態から成長してきた「聞くスキル、考えるスキル、話すスキル」については、やっぱりいろんな角度でリスナーの皆さんに学んでほしいので、重要なポイントとか、スキルアップのコツとか、そしてそのスキルを活用してどうしているかについて、相当のボリュームを割いて話しています。

僕の放送は、さほどロジカルさを意識しているわけでもないし、ストーリーをしっかり考えて話しているわけではないので、「カッチリした内容」と言える感じではないのですが、それでもまとめて聞いてみると、軸はブレず、「こうすればいいのだ」ということが明確になっているように、我ながら感じていました。ですので、Ｖｏｉｃｙの内容をベースに本を出さないかとお誘いを受けた時には、喜んで！と即答しました。

本書は、数多ある僕の「スキル話」から「ここぞ！」という、〈これぞ自分のスキルそのものであり、その背景であり、鍛え方である〉放送を選りすぐって、文章にしています。ロジカルでもなく、ストーリーを明確にしないで徒然なるままに話してきたことだからこそ、僕がこれらのスキルをもがきながら鍛えてきたことを、実感をもって理解していただけることと存じます。

なお、目次を見ていただければわかりますが、純粋な「スキル」だけではなく、「マインド」などについてもしっかりと話しています。これは、スキルだけ鍛えても使えるようにならず、聞いて、考えて、話す上では、やっぱりマインドと、マインドから生まれる「軸」が、大事になるからです。

聞く、考える、話すというコミュニケーションの基礎エンジンの部分を鍛えたい方はぜひ、じっくりと読んでみてください。

そして、本書には、各放送へのリンクとなるＱＲコードがついていますので、ニュアンスも含め、深く感じたい、という項目については、ぜひ音声も聞いてみてください。

みなさまのスキルアップのお役に立てる本になれば幸いです。

第2章　コミュニケーションの基本はリスペクト　81

第3章 いつでも生きざまを乗せる気持ちで話す 131

第4章 相手の靴を履く気持ちで聞く

第6章 頭の回転をよくする思考を学ぶ

第7章 自分の夢と考えに自信を持とう

【注 記】

※ヤフー株式会社、Ｚホールディングス株式会社は、２０２３年10月よりＬＩＮＥヤフー株式会社となり、ヤフーアカデミア、ＺアカデミアはＬＩＮＥヤフーグループの企業内大学、ＬＩＮＥヤフーアカデミアとなっておりますが、本書では、放送当時の名称のまま表記しています。

※武蔵野ＥＭＣは、武蔵野大学アントレプレナーシップ学部の略称です。

「話す聞く考える」スキルがあればどこに行っても大丈夫（前編）

――聞き手：宮本恵理子

帰納法的アプローチで本をつくってみた

――羊一さんは2018年にリリースした『1分で話せ　世界のトップが絶賛した大事なことだけシンプルに伝える技術』（SBクリエイティブ）が60万部超のベストセラーとなり、出版のオファーも絶えないと聞いています。今回、音声メディア・Voicy（ボイシー）でパーソナリティを務める人気番組「明日からの元気の源になる話」の放送から厳選して編集する、という新しい形での出版を決めた動機はなんだったのでしょうか？

今回の出版は僕にとって、新たなチャレンジだったんです。通常、本をつくるという過程は、伝えたいコアメッセージをまず決めて、ロジックをしっかり組み立てて、つくり上げるものですよね。いわば、演繹法的なアプローチによるコンテンツメイキングです。
一方で、日々の愚痴や思いつきを気ままに喋っているVoicyの放送は、僕にとっては徒然草のようなもので。

――なるほど。あの放送で、羊一さんは徒然草を叫んでいるんですね！

そうなんです。特別な意図なく淡々とためてきたコンテンツだったんですが、今回、熱心に「本にしたい」と提案してくださる編集者がいて。僕はもともと本にするつもりはなく自由に喋っていただけなので、編集はお任せすることにしたんです。
Voicyでの雑多感、ライブ感は文章にしても伝えたかったので、編集者といろいろ工夫しました、各項目にVoicyの放送回に飛べるQRコードを付けたのもその一つです。文字では伝えられない、話す時の声の強弱、抑揚、間などについては音声を聞いて学べる仕組みになっています。

――今回、Voicyの1000回を超える放送から「話す 聞く 考える」技術、リーダーシップ、マネジメント、働き方などに関する70回分を厳選してまとめたとのことですが、

完成した内容を改めてご覧になってどう感じましたか？

自分の頭の中を自分で構造化して本にすることは今まで何度もやってきたのですが、56年も生きてくると「構造化のクセ」がめちゃめちゃ強くなるわけですよ。そのクセから解放されるために、今回はあえて他者に委ねてみた。すると、やっぱり自分の視点や能力にはない発想や切り口での構造化が進んでいき、面白かったですね。

つまり、今回の出版は「構造化を第三者に委ねる」、かつ「帰納法的アプローチで本をつくる」という初めての試みだったわけです。

テキスト化されたものを読んで、驚くほどに「俺そのものだな」と感じましたね（笑）。その日に起きたこと、感じたことをただ発していただけなのに、総じて言わんとしていることは、ロジカルに積み上げて伝えてきたメッセージと何も変わらないんだなと。

当たり前と言えば当たり前なんですけど、やっぱり俺は俺なのである、と納得しました。自分自身の一貫性を確認できる機会になりましたね。

思考を広げる起点は〝現場〟にある

――今回の素材となったVoicyのアウトプットそのものの意味とは？　本のように思考の構造化から始めるのではなく、日々の出来事から広がった気づきや学びを自由に発信する活動だからこそ、得られている価値はありますか？

ありますね、あります。要するに、これはなんて言うのかな、やっぱり思考を広げる起点は〝現場〟にあると僕は思っていて。

――〝現場〟ですか。

そう、現場なんですよね。頭の中にある「あれはこうかな」、「これはもしかしたら、そういうことなのか」といった気づきの種が、現場の経験によってつながっていく感覚があります。

――リスナーとして聴いている印象としても、羊一さんの放送にはいつも現場発のライブ感

があります。実際、「今日は、東京・虎ノ門にあるスタートアップ向けシェアオフィスのCIC Tokyoに来ています」とか「武蔵野EMC（武蔵野大学アントレプレナーシップ学部）のイベント会場からお送りしまーす」とか、現場の空気感をそのままお伝えになっていますよね。

だってね、僕の言わんとすることは煎じ詰めていくと同じなんですけれど、煎じ詰める前の生の言葉がどういう温度感であるかは、その時その時の状況によって微妙に変わるわけです。

例えば、今まさに宮本さんとオンラインで話しているこのインタビューは、実は「感情を100％バーン！と出しきれないもどかしさ」の中で喋っているんです。それはなぜかというと、今日の環境ではイヤホンがフィットしすぎて音が強く響いて集中しきれないなという、ちょっとしたネガティブ要素があるから。もしもイヤホンなしでリアルで会って話せていたら、もっとバーン！といけるはずだとか思ったり。そういう微妙な違いが出るのがライブ感ですよね。

ちなみにね、ほら、見てください。今、2月の初めでしょ（※編集注：インタビューは2024年2月2日に収録）。確定申告が迫っている時期でしょ。なのに学部の仕事やら

LINEヤフーの仕事やらでしっちゃかめっちゃか。1月にはインドに行ってきたものだから、封を切っていない郵便物がこんなにある。税理士に送り返さなきゃいけない書類、とっくに期限過ぎてますから。

Voicyでは「やべーやべー」って切羽詰まっている状況もセットで描写して、「やべーんですけど、そんな中でこんなことがありました」って話をする。そういうライブ感は大事にしていますね。

――そういう始まり方、たしかに多いですね。

だから僕の放送では、「今日は○○について話します」とテーマを明確に打ち出してから始めるケースって少ないんですよ（※編集注：本書では、音声を要約・編集した都合上、テーマ説明から始まる項目が複数回登場します）。

僕より先にパーソナリティ活動を始めた澤円さん（「プレゼンの神」として知られるEMC専任教員、元・日本マイクロソフト業務執行役員）は、僕とは真逆のアプローチ。澤さんはほぼ毎回、「皆さん、ご機嫌いかがですか。澤円でございます。今日はこんな話をしてみたいと思います」からお話が展開していく。おそらく話す前にきちんとテーマを決めておられるんだと思います。

僕はだいたい「いやあ、昨日こんなことがありました」から始まる。あ、僕はいつも放送日の前日夜に収録しているので、「昨日」と言っているんですけどね。だから実際は「今日」です。

これ、決して雑談やアイスブレイクのつもりではなくて、むしろ「今日起きたこと、今感じていること」にしか真実はないんじゃないかという感覚がすごくあって〝生煮えの思考〟を毎日提供し続けることによって、聴いてくださる皆さんにじわっと学んでいただけたらいいなという願いがあります。

〝生煮えの思考〟をアウトプットすることでインプットに転換

――なるほど。今のお話は、この本のタイトルの「話す 聞く 考える」の重要性にもつながりそうですね。〝生煮えの思考〟をそのまま外に出すアクションから何かが生まれるということでしょうか。

まさにそう。確実にそうです。僕にとっては、現場に紐づく〝生煮えの思考〟、イメージで言うと頭の中でふにゃふにゃ浮かんでいるおたまじゃくしみたいなものを吐き出しながら目の前の人と対話して、相手から学び取る営みが、最高のインプットになるわけです。

学びの習慣の理想形は読書だと思うんですけれど、僕は本をたくさん読む習慣がないんですよ。荒木博行さん（武蔵野EMC専任教員、学びデザイン代表取締役社長）のような素晴らしい読書グセを身につけないまま大人になってしまいまして、これはめちゃめちゃダメだという自覚はあるのだが、でも、読めない。

じゃあ、どうするかというと、人と会って話す現場から学び取るしかないんですよね。1回1時間のミーティングで本1冊分の読書に匹敵するくらい濃密に学び取る。それくらいの気合いを入れないと成長せんわけです。アウトプットしながらインプットしないといかんのですよね。

——まだ固まりきっていない思考を温かいまま口に出す。まずは自分の内側へと意識を向けることが大切になりそうですね。

そうそう。意識を向けている先は、思考の前に感覚なのかもしれないですね。

例えば今、こうして喋っている間に、視線の先には窓があり、窓の外には汐留の景色が見えて、汐留の先には海が見えるわけですよね。視界に入った海が発端となって「オレ昔、こんなこと考えていたなぁ」と呼び起こされるものがあったりして。かと思うと、目の前を知り合いが通って「そういえば、あいつとこんなこと一緒にできたら面白いな」とか。

同時多発的に発生するいろんな〈おたまじゃくし〉を、ワーッとミキサー車みたいにかき混ぜながら常に頭の中を動かしている。そんな感覚があるんですよね。

――だからずっと思考が止まらないのでしょうね。今、目の前にある風景や会話から呼び起こされる記憶やアイディアが絶えず生まれ続けていく。

そうですね。その意識は非常に強く持っていると思いますね。ただ、感覚の表現の仕方と、それをどう受け取るかという感覚は人によって違うので、伝え方の難しさもあるなと感じていて。

僕が今喋っている言葉は僕の人生の文脈において形成された表現であり、宮本さんは宮本さんの脳内で僕とは違う文脈で解釈をしているはずなんです。おそらく100%そのまま伝わることはない。でも、受け取る人それぞれの感覚で感じ取ってくれたらいいのかなと思っています。

Voicyの放送に寄せられるコメントも本当にいろいろなんですよね。いろいろあるんだけれど、一番心震えるのは「羊一さんの話を聞いて、自分も○○しようと思いました」と気づきやアクションにつながっている感想です。「羊一さん、かっこいいっす!」と褒められるのも嫌ではないですが、特段嬉しくはなくて。

僕の発する言葉が、誰かの頭の中のまだ固まっていない何かに響いて形を成そうとする。そんなプロセスに寄与できたら、こんなに嬉しいことはないなと。そのために毎日喋っているようなものです。

語りの中で、事象に対する「思考の組み立て方」も提示

——日々触れる環境や出会う人との会話から感じたことを、どんな言葉で外に出して、気づきや学びにつなげているのか。羊一さん流の「思考の組み立て方」の全体像を見せてくださっているのですね。ここまでのお話で、今回の本が羊一さんの「話す 聞く 考える」のプロセス開示であるということがよくわかりました。

まさにまさに。そうなっていたらいいなと思っています。

「うぜー」「しんどい」「たのしー」とか可視化にもほどがあると、我ながら呆れますけどね（笑）。あくまで僕流のサンプルとして示しているつもりで、「ああ、こんなふうに感じて、考えていけばいいのかな」と知っていただき、試してもらうきっかけになればとね。

ただし、そうは言っても、生魚をドン！とそのまま出すんじゃなくて、頭と尻尾だけチョチョン！と切って「はい、ここが食べられるとこです」と差し出すくらいの〝ひと加工〟はします。「焼く、煮る、揚げる、ここから先の味付けは自由。さあ、あなたはどう調理する？」という感じで。

この〝ひと加工〟のサンプルを毎日毎日受け取っているだけで、「伊藤羊一という人は、事象をこういうふうに切り取って受け止めるのだな」という、一つの「型」のインストールにもなるんじゃないかという企みです。

――「都知事になる宣言」やウクライナ危機に対する発言なども、多くの人が関心を寄せる社会事象に対する〝ひと加工〟の提示なのでしょうか。

そうですね。普段の日常ネタよりも一段高く抽象度を上げていますが、僕なりの切り口、向き合い方を発することで、「で、あなたはどうする？」と投げかけているわけです。

時々、「羊一さん、都知事になるって言っていたの、あれはどうなったんですか？」と真顔で聞かれることがあるんですけれど、いやいや、僕の今の活動を見てもらったら、なるつもりがないの、わかるでしょう（笑）。〝生煮え〟の思考を発しているだけなんだから、気が変わったっていいんです。その「変わるプロセス」さえオープンにして見せちゃうのが大事かなと思っているんですよ。

「話す 聞く 考える」はOSのような技術

――ここで改めて、「話す 聞く 考える」がなぜ大事なのか、羊一さんの解釈を聞かせてください。

僕の理解としては、「話す 聞く 考える」はあらゆる仕事、ひいては人生において必要不可欠なベーシックスキル、スマホやパソコンでたとえるなら「ＯＳ（オペレーティングシステム）」なんです。

スキル習得というと、真っ先に思い浮かぶのは、特定の役割において求められるスキルじゃないかと思うんです。会社員の人が経理部に異動になったら、会計の知識を身につけなきゃと頑張りますよね。その2年後に営業部に異動が決まれば、今度は最新の営業促進ツールを使えるように勉強したり、取引先との付き合いについて先輩に聞いたりしますよね。これらは全部、用途に応じてインストールする「アプリ」のようなものです。

アプリを入れ替えればいつでもなんでも学べる土台の力が「話す　聞く　考える」。ところが、この事実は驚くほど認識されていないんですよね。

——確かにそうですね。ついついアプリ的スキルを身につけることだけに注力して多くの時間を割いたり。アプリも重要だけれど、アプリを動かすＯＳ的なスキルを鍛えることをつい忘れがちであると。でも、本当はＯＳこそがどこでも通用するポータブルスキルなのではないかというご指摘ですね。

そうそうそう。そもそも僕らはちゃんと学んできていない気がするんですよね、人生のＯＳとも言える「話す　聞く　考える」のスキルを。

「ＯＳ」はこれらアプリを動かす土台なので、会社のどの部門に異動しようが、転職しようが、独立して起業しようが、「話す　聞く　考える」は何より重要、超重要なスキルなわけです。

——そうかもしれないですね。

「話す　聞く　考える」って極めて属人的なスキルですし、その人なりのスタイルでなんとなく通用しちゃうところがあるから、「型」として理解して習得するステップを踏まずにだいぶ人生を進めてきちゃった人がほとんどだと思うんですよ。

僕はもともと超苦手で、話すのも聞くのも考えるのも全然できなかったんです。社会人になってしばらくは、もう本当に落ちこぼれでした。会議に出ても、隣の人が言っていることがわからなくてちんぷんかんぷん。マジで限界を感じた時に知人から教えてもらったグロービス経営大学院に通い始めたのが30代後半でした。

衝撃でしたね。自分の考えをわかりやすく人に伝えるのは才能ではなく〝技術〟で、誰でも習得できるものなんだと知り、もう無我夢中で学びました。そこから僕の人生はポジティブに回転を始めたんです。

何が言いたいかというと、「話す」も「聞く」も「考える」も、全部技術であるということです。誰でも学ぼうと思えば学べる技術であると。だから学ぼうぜ！と言いたいんです、僕は。

――「話す 聞く 考える」のうち「話す」と「考える」の技術については、羊一さんはご著書で独自の技術を詳しく公開してくださっていますね。「聞く」の技術についてはいかがですか？

正直に言っちゃいますと、「聞く」の技術について意識を向けて自分なりに考えをまとめ始めたのは、ごく最近になってのことなんですよ。実践して試しながら、ようやく一連がつながってきた感じではあるのですが、まだ完璧に腹落ちはしていない。「聞く」はまた別次元のスキルだなと思いながら、自分なりの構造化に挑んでいるところなんですが……いや、ちょっと、『行列のできるインタビュアーの聞く技術』（ダイヤモンド社）という本を出している宮本さんの前で披露するのは、本当にやりづらいんですけど（笑）。

――いえいえ、私も自己流でしかないですので、ぜひ伺ってみたいです。

じゃ、ざっくりと〝生煮えの思考〟をここで話しちゃいますが、「聞く」で意識すべきポイントは、「とにかく相手にたくさん喋ってもらうこと」に尽きるんじゃないかなと僕は思っています。

たくさん喋ってもらうためにやるべきアクションは2つで、「うなずき」と「質問」。この質問というのも、僕はコーチング的な賢い質問ができないので、とにかく「アホ」のスタンスで質問しまくります。

「え？　今言ったそれって何？」、「どういう意味なのか教えてください」、「ちょっとちょっと、まさかこういうこと？」とアホ丸出しで無邪気に聞きまくるんです。イベントでモデレーターとして立ち回る時も、「アホ」として基本のキから聞くわけです。すると来場者の皆さんが「僕が聞きたいことを全部、伊藤羊一が聞いてくれた」と満足して帰ってくれるんですよね。

武蔵野ＥＭＣの学部長・寮長として学生に対して１on１をする時も、「聞く」に徹するだけ。僕から答えは決して言いません。「羊一さん、これどうしたらいいんですか」と聞かれても、「知らな～い。教えな～い」とすっとぼけて「で、君はどう思うの？」と聞く。相手にたくさん喋ってもらうことをシンプルに追求することが、「聞く」の本質に違いない。これが現時点の僕の理解です。

――羊一さんほど経験と実績を重ねた方が、「わからない」に徹するのがすごいことだと思います。本書のスペシャル音声コンテンツとして、「聞く技術：３つのパターン」を収録されたとか。私もぜひチェックしたいと思います。

（後編に続く）

第1章

すべての経験に無駄はない

キャリアに良い、悪いはない

キーワード
働き方、ライフデザイン

2022年4月18日
「キャリアを考える。人生を考える。」

キャリア特集ということでいろんなテーマについて話をしているわけですけど、今日は、「#資産になるキャリア」というテーマで、話をします。

元々キャリアって「轍（わだち）」なんですね。車輪の跡。今まで歩いてきた轍をキャリアと言う、ということですね。

だから**良いキャリアも、悪いキャリアもないんですよ。**歩いてきたことそのものが大事なんです。そして今まで進んできた道を考えながら、将来どういう轍をつくっていくのかを考える。そんなイメージを持っておく。主に仕事面で語られることが多いですけど、仕事に限定せずに、人生そのものというふうに考えてみるといいかなと思います。

キャリアは今までの人生をどんなふうに歩いてきて、これからどんなふうに歩きますか、と

いう、そんなことです。過去、現在、未来ってつながってるんですね。それをちゃんと振り返りながら考えてみることだと思います。

僕の話をします。

僕は大学を出て銀行に入ったんです。今はなき日本興業銀行という、みずほ銀行の母体の一つである「興銀」に入ったんですけど、馴染めなくてね。でも、ずっとここで過ごすのかな、みたいな。銀行員として生きていこうとしか考えなかったんです。自分で自分のキャリアを選ぶみたいなことはいっさい考えなかったですね。

その興銀がなくなることになって「なんだ、俺、興銀に入ったんだけど。別にみずほに入ったわけじゃねえし」みたいに思って。35、6の時に人生を考えまして、「ここ、行きたいな」と思ってプラスにお願いして入れてもらいました。

プラスにはすごい馴染んだんです。最初、物流をやって、それからマーケティングをやって、営業部門の部長をやって降格して。その後、事業再編をやって震災があって。

その後カンパニーのナンバー2として過ごして。非常に楽しかったし、俺はここで一生過ごすのかな、みたいなことをなんとなく思っていました。

それで「よし！　頑張るぞ」と、グロービスに通って鍛えて、ソフトバンクアカデミアで孫正義さんとかいろんな方に出会って。当時のソフトバンクアカデミアで知り合って友人になった、今の東京都の副知事でヤフーの社長だった宮坂学さんに誘われてヤフーに行くことになって。それで僕、人生が変わった感じですね。

ヤフーに行って「リーダー育成は面白いな」と感じたし、他の会社で講演とか研修とかのオファーが来るようになったし、本を書かないかっていうチャンスもいただいたし。その流れの中で、武蔵野大学で学部を作らないかということになり、武蔵野大学アントレプレナーシップ学部（武蔵野ＥＭＣ）を、ヤフーでの仕事をやりながら準備してつくったと。

そんな中でヤフーの親会社のＺホールディングス全体のリーダー育成をする流れになって、どんどん変わってきてはいるんですけど、やっぱりヤフーに誘われて行った瞬間に「人生のそっちの道」というのが見えた感じですよね。

「銀行に行って、プラスに行って、ヤフーに行く、それで大学教育をやる」ことになるなんて思わないよね。

だからそういう意味で、ラフに方向感は描くんだけど、その通りにいくのは無理だと。無理というか、その通りにいかせることが本当に楽しいのかどうかという話ですよ。シナリオが全然描けていないんだけども、最終的には全部、自分で今の状況を築いてきた、構築してきたんですよね。

なので、**教訓があるとしたら、僕が皆さんに言えることは、１つ目に「自分のキャリアは自**

分でつくる」ということ。自分で決めて、自分でキャリアをつくろうぜ、ということですね。**完璧なシナリオに基づいてはできないんだけど、その場、その場でなんとなくちょっと先のことを描きながら自分のキャリアは自分でつくるということはすごい大事だなと思います。**これが自分の充足感につながっています。

当時の僕をヤフーに呼んでくれた宮坂学さんが口癖で言っていたことですけど、**2つ目は「迷ったらワイルドな方を選ぶ」。**これは僕、自然とやっていたんです。結局、人ってハイリスクハイリターンかローリスクローリターンかで悩んでたりするわけです。ローリスクローリターンだと面白くないわけですよね。振れ幅が多少あっても、リターンが大きそうなところに行くのがいいかなって。それをキーワード化すると「迷ったらワイルドな方を選ぶ」ということだと思ってます。

これね、すごい大事。

人間は割と、そうしないと迷ったらマイルドな方を選んじゃったりするんですよ。結局マイルドな方を選んでもいいかもしれないですけど、「迷ったらワイルドな方を選ぶ」というふうに言っておくと、何かワイルドな選択肢が常に頭の中にあることになると思うんでね。

あと、**「自分はこういうことやっていきたい」ということは言い続けるべき**だと思います。自分はこういうことやっていきたいんだって言った方がいいに決まってるじゃない。そうは言ってもその通りにならないことは当然、会社の場合にはあります。ヤフーは、かなり社員の希望を生かしてくれる。社員たちも言うし、会社側もそれを生かしていこうとするっていうのはあります。だけどそうじゃない場合もあるわけですよね。

会社が異動を決めるみたいなことは多いんじゃないかな。でも、多くてもやっぱり自分の希望を言い続けるのはすごい大事。

そして、選べない時はそうなった異動を楽しむっていう一択しかないかなというふうに思います。だってね、異動の希望を出し続けてその希望が聞き入れられなかった場合、何か理由があるわけですよ。なんかね。その理由をクリアしながらその場所を楽しむことですね。

僕も、銀行においてもプラスにおいても、飛ばされたりとか降格されたりは経験してます。それはそれで、それなんですよ。何か理由があったわけですよ。だから、それを楽しむしかないんですよね、ポジティブに。

だから、**3つ目は、「今を楽しむ」**。

もうこれしかないです。「楽しくないですよ」って言うかもしれないけど、何かしら楽しみを見つけることはできます。はい。要するにいろんなことって考えようなので、それを楽しくないと思ったら楽しくないんだけど、楽しいと思ったら楽しい。スピリチュアルな感じを受けるかもしれないけど、自分で言ってるうちにだんだんそうなってくることはあると思う。だとしたら、そういうふうに考えたらいいわけじゃない。

なので、キーワードとしては、1番目「自分のキャリアは自分でつくる」、2番目「迷ったらワイルドな方を選ぶ」、そして3番目「今を楽しむ」ということですね。

そうやって人生を歩いていってください。人生の轍をそうやってつくっていってください。

それで、定期的に振り返ってみるわけです。振り返ってみて、「うわっ、この轍、めっちゃ変な角度になってる！」とかね、「ぐちゃぐちゃ」とかね、「ワイルドにしたからいいか！」とかね。「いや、ワイルドにしてもこれちょっと修正したいな」とか、振り返りながら人生を歩いていくといいと思います。

うまくいってないとかちょっと失敗したとか、振り返ってみたら思うところもあるかもしれないですけど、それでもね、きっと進んでいるんですよ。

キャリアは折り重なっていく

キーワード　働き方、ライフデザイン、日々の業務

2022年12月8日「キャリアの轍が広がっていく生き方」

「#あのときキャリアは動いた」というテーマで、キャリアは今まで自分が歩いてきた轍なので、俺の経験を話そうと思います。人それぞれ、キャリアってどんなふうに歩いてるんだ?というところを参考にしていただければと思います。

僕は日本興業銀行の次に、プラスという文房具・オフィス家具メーカーの流通部門で仕事して、続いてヤフーということで、業種はもうバラバラなんですよね。本当にいろんな仕事をやりました。

ヤフーでは企業内大学の責任者を8年。それをやりながら、武蔵野大学でアントレプレナーシップ学部を開設しまして大学教授の仕事もしているんですが、学部をスタートアップでつくっている仕事の方がイメージとしては大きいです。

他の仕事としては、ビジネス本の作家もやっています。澤円（さわまどか）さんとの共著が1冊あるのを含めて、『僕たちのチーム」のつくりかた』で10冊目、合計約80万部（当時、現在90万部）になっていますね。それから、ビジネススクールの教員をやりながら講演会とか研修講師もやってます。

ｎｏｔｅやツイッター（X）も仕事みたいなものだし、Ｖｏｉｃｙパーソナリティや投資家もやってます。Ｖｏｉｃｙやシリコンバレー、日本のスタートアップ数社に出資をさせていただいていまして、リターンが来ればいいなというふうに思ってます。

その中で今、武蔵野大学アントレプレナーシップ学部のことが頭の8割ぐらいを占めています。スタートアップで、トップでやっているから、それは大変ですよ。さらにもう一つ、Musashino Valleyというインキュベーションの会社を作って代表になっています。

でね、よく「どれが本業ですか？」と聞かれるんですけど、本業、副業の感覚がないんですよ。人間、伊藤羊一がやるのは全部仕事、ということで、**僕のやる表現は全部仕事**と。Ｖｏｉｃｙフェスでの青木真也さんとの対談でも言ったんですけど、俺のミッションとか俺のビジョンを追求していたら、こういうふうになったということです。

銀行にいた時、銀行はお金を企業にサポートしていたんだけど、もっと直接的なサポートをしたいなと思ってプラスに行ったんです。で、プラス時代にグロービスを卒業してグロービスの先生を始めて、孫正義さんにプレゼンする機会が生まれ、そして宮坂学さんと知り合って、「羊一さん、アカデミアというのをやるんでちょっと来てよ」と誘われ、ヤフーに移ったんです。

武蔵野大学で仕事するようになったきっかけは、ヤフーアカデミアとして有識者を集めて、フリー、フラット、ファンなカンファレンスをやろうということで「ヤフーアカデミアカンファレンス」を始めたら100人ぐらい集まってね。その時に盛り上がった議論を議事録にまとめて、みんなでどれがいいかを投票したら、教育に関してだったんですよ。

それで、教育をやっていかなきゃ駄目だろう、みたいな感じで言っていたら、武蔵野大学中学校・高等学校校長（当時）の日野田直彦さんから、「羊一さん、武蔵野大学で面白いことをやりたいみたいなので」と言って呼ばれて、武蔵野大学の学長さんとお会いして、めちゃめちゃ盛り上がって「やるべ！」ということになって。

「好きなようにやってくれ」という感じだったんで、武蔵野大学で仕事を始めたんです。

今度、武蔵野大学でEMCカンファレンスを開くんです。ヤフーアカデミアカンファレンスと全く同じスキームで。ヤフーアカデミアやZアカデミアはリーダーシップだけど、武蔵野大学ではアントレプレナーシップ。社会人か学生かという違いはありますが、つながっているんですね。だから仕事は増える一方です。

いろんなことやっているようだけど、全部同じことなんだよね。俺のミッションは、人をインスパイアすることなんです。そして「その結果、日本中の、特に働いている人たちが笑顔でハッピーになっていくこと」をやりたいわけですね。それを僕はビジネスの世界、教育の世界でやる。そのためにはスキルを鍛えることが必要ということで、俺が出した本はスキル本だったりするわけです。

例えば人前でうまく話せたら、より仕事に成果が出やすいじゃない。だから、そのために書いているわけです。

マインドも大事。Ｖｏｉｃｙの「明日からの元気の源になる話」では、マインドを醸成しているんです。本もマインドを醸成するためのものだったりするわけです。それで実行するのも大事で、実行するためのアントレプレナーシップ学部であり、アカデミアであったりするわけです。

だからね、積み重なっていくんですよ。そうするとね、人間関係もどんどんどんどん増えていくでしょ。10年前に会ったあの人と今、仕事する、みたいなことができてくるわけです。だから**人間関係はやっぱり大事にした方がいい。**

プラスの時に、スタートアップの人とかを中心に関係ができて、グロービスで会社勤めの人とのつながりが増えて。仕事の上でそれが積み重なれば積み重なるほど、自分のパワーになるわけです。だから、**人間関係は裏切っちゃ駄目**ということですね。後ろ脚で砂かけて出て行くような人っているんですけど、やっぱり信頼は失うよね。だって、ゼロクリアになるでしょ。そしたらキャリアが育っていかないし、絶対活躍できないですよね。

キャリアというのは、本当、人それぞれなんです。だから「キャリアチェンジ」「あのときキャリアは動いた」ということではなくて、僕はキャリアは積み重なっている感じがします。でかい仕事をやるためには、やっぱりキャリアを折り重ねて広い轍にしていくのが大事。だって、やれることが増えていくでしょ？　それからいろんな人とつながりができて、いろんなフィールドで仕事をしていくから、経験値もたまるよね。**将来、活躍してでかい仕事をしたいということだったら、轍を広げていくことはぜひ考えてみるといい**と思います。

あんまりたくさんのことをやりすぎると、パンクしちゃったらどうしようとかって思うじゃないですか。もちろん僕もできなくなることってあるわけ。でも結局、自然淘汰されていくんですよ。

だから、**できないことはできないし、それをあんまり気にせず、いろんなことにチャレンジしていく**。で、「いっちょかみ」でちょっとやって逃げるんじゃなくて、ずっと全部が折り重ねられていくことをやっていくといいと思います。そうやってると、どんどんどんどん新しい出会いが増えてきます。

昨日ね、２つの出会いがあったんですよ。

一つは、海外のとある機関のトップと打ち合わせしたんです。それも英語で打ち合わせしたんですけど、「やっぱり俺がライトパーソンだ」と言いきったんだよね。"I'm ready to be the director of this project."みたいに言ったら、すげえ喜んでくれたわけですよね。

もう一つはね、とある政党の党首と衆議院議員の人が僕を訪ねてきてセッションやりましょうよという話になったわけですよ。僕は東京都知事になります！って宣言して、それはちょっとペンディングな感じなんだけど、でもやっぱり政治家とつながるってすごい大事なことで、次につながるんですよね。こういうのを全部、僕のミッション、ビジョンに積み重ねていくと。

もちろんできなくなることはあるんだけど。繰り返すけど、人を裏切らずに筋を通すことですね。何となくフェードアウトして逃げるんじゃなくて筋を通せば、また次に会った時にしっかりネットワークされて、人は「いやあ、あの時は大変だった、また一緒にやろうよ」みたいな感じになる。だけど、そこで逃げると、永遠にもう何も起きないと思います。

「#あのときキャリアは動いた」というタグなんですけど、僕の場合、いつもキャリアは折り重なっていくので、そんな生き方をして轍を広げていく生き方もある、ということをご紹介させていただきました。

働く意味を考えてみる

キーワード　働き方、ライフデザイン

2023年10月12日
「あなたはどう生きますか？」

いやあ、「本気出す！」って言いながら、結構、日々の講演活動とかコンテンツ作りは疲れます。消耗するんですよね。そういう中で、仕事して楽しみながら、そして苦しみながら、消耗しながら、そしてまた明日に向かっていく、みたいなそんな日々を過ごしています。

これは多くの皆さんがそういうことなんじゃないかなって思うんですよね。日々、「言うことないっす！　最高っす！　楽しいっす！」みたいなことばっかりの人って、あんまりいないような気がしていて。日々、「最高っす！」って言いながら、最高じゃない自分の部分を見ないようにしていることかもしれないし。

別に生き方としてそういう部分を見ないようにするのはいいんだけど、それで続けていいんだっけ？　嫌なことに向き合わないで「最高だぜ」と言うだけで過ごせる人もいるかもしれないけど、基本的には「仕事は楽しくもありつらくもあり」だと思うんですよね。

わからないけど、僕は完全にそう。すげえ充実してるんだけど、やらないで済むのならやらないで済んでいいような。でもやってしまうみたいな……。仕事を削っていこうと思っても、依頼の文書を見てるとふつふつとやりたくなってしまうみたいな感じで引き受けて……。

何のために僕たちは働くのかって、よく思うんだよね。そこからさらに進んでいくと、「何のために生きるのか、僕らは」みたいな。

生きる目的って何なんだ？みたいなことは、よく考えます。正解があるわけではないから自分で設定していくということでしょ。「何のために生きるのか」は人それぞれです。僕の場合はどうなのかというと、人の笑顔が見たいし、みんなが争わないで仲良く、議論はするけど喧嘩しない、そういう感じで、明日に向かって生き生きと対話しながら新しいものをつくりながら、昨日より今日、今日より明日、豊かになってるということを信じて生きていく。そういう社会をやっぱりつくりたいんですよね。

じゃあ、なんでつくりたいんだっけ？というといろいろあるけど、自分がそうじゃなかったからというのはやっぱり色濃くあると思うんです。僕は若い頃、メンタルダウンして会社に行けなくなっちゃったということがあるから。

若い時は人と話すのが苦手とか、得意じゃないとか、仕事が全然できないとか、どうやって人前でプレゼンしたらいいかわからないとか、どうやって文章を読んだらいいかわからないと

か、わからないだらけだったんですよね。

馬鹿野郎が何の努力もせず、仕事ができず、自爆で会社に行けなくなっちゃった。それって努力不足だよねとか、さぼっているからだよねって言うのは簡単なんだけど、でもそう感じる人が多いと思うわけです。

僕は**もがき続けて、一歩一歩できるように進んできた。**だからそれをみんなに提供したいし、その結果、この日本がもっと元気になったらいいなっていうふうに思って、生きて、仕事をしています。

これは、僕にとっては本質的なんだけど、他の人にとっては本質的でもなんでもないわけです。他の人は他の人でいろんな働く意味があって、それは問うまでもなく。「他の方はそうなんですね。以上」みたいな感じですよね。**働く意味は人それぞれ違う**ということです。

あなたの生きる意味、あなたの働く意味って何ですか。それをぜひ考えていただいたらいいなとふと思いましたので、お伝えしました。

5年、10年後の自分を考えてみる

キーワード
働き方、ライフデザイン

2022年5月10日
「何を目指して働くか」

ゴールデンウィークを終えて2日目ということでね、仕事をするモードが戻ってきていますかね。

僕が銀行員をやってた頃は、ゴールデンウィークを終えた月曜日の朝とか、超、会社行くのが嫌で、憂鬱でたまらない、1週間ぐらい立ち直れなかったんですよね。

今はどうかというと、連休明けの月曜日は起きるのがつらいだろうから仕事のミーティングを朝から入れないとか、そんなふうに調整することも可能なわけです。仕事柄、だいぶ自由に予定が組めるようになってきたというところはあります。今期は担当が多くて、月曜日の午後3時、木曜の午後3時、金曜日の午後1時からの3コマ入っているんですけど、それ以外、割と自由に予定を組むことができるわけです。

僕は今、自分が若い頃、こういうふうになれたらいいなって思っていた姿に、結構なっているんですよね。**僕は何が一番大事かって、自由が大事だったんです。**

今は、オフィスに縛り付けられるんじゃなくて外にも自由に行けるし、ちょっと机から離れて近くの公園へ行って考えてみるとかができるという自由があるわけです。今はもう、自分の仕事の時間をマネジメントするのは完全に自分であると。

で、今は武蔵野大学の仕事、Musashino Valley の仕事、その他の仕事があるわけですけど、それをどうやって組み合わせるかは、完全に自分のマネジメント下に入っている。前よりめちゃめちゃ忙しいんですけど、**自分でマネジメントできるのはすごい大事**かなと思います。

よく、残業時間が多すぎて健康が……とか言われたりするじゃないですか。一方で、好きな仕事をやっているんだからいいじゃないか、とかいう声も出てきたりするわけです。これはやっぱり、自分でマネジメントできているかどうかがすごい重要だと思うんですよ。

仕事って、自分で自分の仕事量や質、負担をコントロールできると案外、許容度が高くなるんじゃないかなと思うし、充足感は高くなるんじゃないかなと思います。

それって多分、人それぞれ違うわけですよ。こういう仕事をやりたいとか、こんな感じでこのぐらいのお金が欲しいとか。目指す姿のイメージを考えてそこに向かって努力されている方もいらっしゃると思います。でも、5年、10年先で考えると、こんな仕事をやっていたいというのが、なかなかイメージ湧かないという方が多いんじゃないかと思うんです。

僕なんかも10年前、今こんな仕事をやってるなんて想像だにできなかったわけですよ。だけど、自由が欲しいなってずっと思っていたら、自由を手に入れた。そうやって**手に入れたいもの、成し遂げたいものに向かって努力していくことが大事**だと思います。

僕で言えば、自分で自分の仕事をコントロールする自由は、かなりのレベルで手に入れた。だから僕は次の10年で何を成し遂げたいかというと、社会に対しての発言力を強めたい。それで、世の多くの人に「僕はこんな感じでフリー、フラット、ファンな世界をつくっていきたいんだ」とか、自分として正しいと思うことを伝えたいわけです。

だから、本を書いたり講演したりするんですけど、そこの力をつけていきたいんですよね。

「羊一さんの話を聞いて元気になりました」とか「羊一さんの話を聞いて、こうやって生きていこうと思いました」みたいなことを思って頑張る方、充足感を得る方がたくさん増えたらいいなっていうふうに思ってるんですよ。可能な限り多くの方に、自分のメッセージを届けて、それがみんなの元気の源になればいいなというのは10年かけてやりたい。

そのためにどういう手段を使うかは、何もわからないのですよ、本当に。だからその場その場で、発言力や影響力を増していくにはどうしたらいいかなというふうに思ってね。「ツイッター（X）のフォロワーを増やすにはどうしたらいいかな」とかじゃなくて、メッセージのクオリティによって広まっていくように頑張る。要するに自分自身を鍛えることによって、影響力が結果として増えたらいいなと思ってます。

あなたはこの5年、10年でどうしたいですか、何を成し遂げたいですか。

表面的な「これがやりたい」というのがある人はいいし、そうじゃない方はそこで諦めるんじゃなくて、「自由を得たい」とかね。それから「多くの人に『なんかすげえ』って言われたい」とかね。「お金がいっぱい欲しい」とか。何でもいいと思うんですよね。そういうことをぜひ考えて、頑張るということをやってみるといいんじゃないかなと思います。

ちょっと追加をさせていただきますけども、仕事について、具体的なイメージがあるんだったらそこに向かっていけばいいんだけど、そうじゃない場合はね、自分にとって大事なものにどんどん向かっていくみたいにしてね。

僕なんか銀行員やって、その後プラスで流通関係の仕事をして、マーケティングの仕事をして、それからヤフーでリーダー教育の仕事をして、武蔵野大学で教えてって、もう意味不明じゃないですか。でも、自分の中では「自由」ってキーワードで整合性が取れているわけです。**いろんな仕事がある中で、この中で自由を得るにはどうしたらいいかみたいなことは、割と常に考えてましたね。**

皆さんも仕事してる中でモヤモヤする場合は、何がモヤモヤの原因かをできる限り具体化していくのがいいし、言語化していくのがいいと思うんです。その上で、今の仕事がなんか嫌だと思って、次に何の仕事をしたいかを考えたりするんだけど、なかなか出てこなかったりする場合は、何の仕事をするかではなくて、どんな形で世の中と関わり合いたいか、例えば営業とか事務とか研究とかね。そこを掘り下げる。あとは「その結果、何を得たいんだ君は？」って自分に問いかけてみる。いつも言っているんだけど、やっぱり**自分自身をよく知ることが大事**ということであります。

古代ギリシャのデルフォイのアポロ神殿に石碑があって、そこに「汝自身を知れ」って書いてあるんです。汝自身を知るには「モヤッとしてやだな」じゃなくて「モヤッとしているのは何でだっけ？」と言語化して、「それを解決するために何がしたいんだっけ？」「違う仕事で何が成し遂げられればそのモヤモヤは消えるんだっけ？」みたいなことを自分に問い続ける。

自分を見つめるのって、嫌な自分が見えるようで嫌じゃないですか。でも、**嫌な自分も含めてちゃんと言葉にしてみるのが大事**だと思います。

ハッピーに仕事、できていますか？

キーワード
働き方、日々の業務

2022年3月25日
「なんか気づいた。ノリを出して成長するために必要なことが。」

僕は自分の仕事ぶりをときどき振り返ってみて、今は楽しく仕事できているかとか、ちゃんとモヤモヤが晴れてるかとか、ハッピーかとかそういうことを、確かめるんです。何でかというと、振れ幅がどうしても大きくなりがちだからなんですよね。その時によって、いきなり忙しくなったりとか、ちょっと時間が空いたりとかっていうのがあるわけです。

大学とグロービスの授業は定期的に入るんですけど、他の用事は割と柔軟なんですよね。もちろん、武蔵野EMCにしてもZアカデミアにしても、定例会議がありますよ。ただ、すごく長い時間やるわけでもないし、あとは割と自由。個別の打ち合わせとか講演とか、それから学生との1 on 1とかは、自分のペースで入れられるわけです。武蔵野大学の1年目は1月末まで授業をやって、2月と3月は比較的自由な時間設計ができたんだけど、急にボワーって入って忙しくなったり、急に空いて暇になったりみたいなことを繰り返してた感じなんです。

だから、仕事がノリノリでいってる時とそうじゃない時は、隙間時間の設計の仕方でコントロールしてたんですよね。例えば週に1日、午前中の3時間は確実に予定を入れないで空けるとか、打ち合わせはまとめて入れるとかね。そうするとこの時間はちょっと余裕ができるから、ブロックしておくとかね。**隙間時間が全然ないと、やっぱり心がなんか折れてくるんですよね。**そうやって隙間時間を設計して心身の安定をつくろうとしてきたんですけど、それは非常に大事なんですよね。頭の情報を整理する時間をつくれればということで、**ノリを出して成長するために、時間を物理的に空けるのが1つ目に大事**です。


2つ目に、毎日その日の仕事にけりをつけることが大事だと思ってます。

5ちゃんねるとかで「今日はここまで読んだ」とかいって、しおりを勝手に入れる人がいるじゃないですか。あの感じで、自分自身の仕事について「今日はこんなことやって、ここはうまくいって、明日だからこんなふうにやらねば。だとしたらこういうことが大事だな」と振り返ることを毎日5分でもいいからやる。

ここまでの2つは意識できていたんですけど、もう1個あるなと思ったんですよね。それが、**まとまった時間に「自分の頭の中にある情報と情報をつなぎ合わせる」**ことです。これをやると、めちゃめちゃ頭が働くし、気分的にも気持ちいいし、自分の成長にもつながるなというふうに思ったんです。もう最高ですよ。仕事にノリが出るし、ハッピーな感じにもなるし。

何でそう思ったのかっていうとね、来年4月から授業がいっぱいあるので、それぞれの科目をシラバスという形で、「何を1回目にやる、何を2回目にやる。こんなことをレポートでやる」みたいな、ざっくりした骨組みを考えているんです。具体的にどういうふうにやっていくかみたいなことを、今、設計し始めてるんですね。日付はこうだとか、学校に対してのシラバスはこうだとか、それから元々文科省に出してるシラバスとかの文言はこうだとか、そんなことを**「Notion（ノーション）」というアプリに全部放り込んで、情報を全部つなげてまとめているんですよ。**単にメモで作るのではなく、いろんな情報を集めてそこにガッと放り込んでつくると、めちゃめちゃ気分が上がるわけです。

僕たちは仕事する時に割と、フローで仕事していることが多いような気がするんですね。つまり、流れるままに仕事するわけです。スラックもそうだし、メールもそうだし、メッセンジャーもそうで、「こういうことやりませんか？」「やります」とか、「じゃあ、この日こうしてください」「わかりました」みたいなやり取りをずっとやりまくってるんですよ。

フローとストックってわかりますよね。ダイナミックかスタティックとも言えるけども、動いている中で情報を入れたり出したりすると、それがアウトプットというか価値につながっていくわけです。それで、そのフロー情報に対し、お金を払う人がいるということです。

一方で、**ストック、つまりインプットして、蓄積されることがないと枯渇しちゃう。あと、頭の中がフロー情報だらけになっちゃうんですよね。**頭の中に情報を入れては出すということをしていると、細切れの情報がむちゃくちゃ溜まっていくわけですよ。そうすると、頭の中がすごいハッピーじゃなくなる。

ハッピーであることと成長することとって多分同じだなっていうふうに思うんです。頭の中がぐちゃぐちゃで、いろんな切れ端が頭ん中に充満してくると、充実感はあるかもしれないけど、なんかモヤモヤするなみたいな感じ。でも、それらをつなぎ合わせると、途端にいろんなことが「そういう感じね、そういう感じね」ってつながってきて、「だから、こうなのか！」って全体像が見えてきて構造化もされる。そうすると、その過程でモヤモヤがなくなっていくし、「待てよ、集めてみるとココはこういうふうに変じゃないか」みたいなことが見えてくる。

無意識にはやってたんだと思うんだけど、あんまり意識的につなぎ合わせるみたいなことを考えてなかったんです。だけど、何が良かったかっていうと、ノーションはいろんなデータベースもつくれるし、スケジュールもそこに埋め込めるし、それからリンクも貼れるしという感じで、ホームページみたいに作れるわけですよ。そうするといろんなことがここに集合させられるんですよね。単にメモとしてではなくて、ホームページ的に自分がやっていることをまとめられるんですよ。そうすると、「あれ、どこ行ったっけ？」みたいなのがなくなるし、「これを入れよう！」と思ったらそこに放り込んでおけばいいし、いろんな情報がつながっていく。そういう作業を今やっていて、それ、めちゃめちゃ気持ちいいわけです。

例えばグーグルドキュメントとかグーグルスプレッドシートとかで何かを作ったりします。エクセルとかワードとか、パワーポイントでもいいんですけど、そういうのって1個1個じゃないですか。グーグルスプレッドシートの画面には、1個1個の情報がパーッと並んでるんだけど、つながりがわからないですよね。パワポで講演の資料を作って、これはこの日の分、これはあの日の分と作っても、それと前の分のつながりってよくわからないんですよね。

個別のことを1個1個やることも大事なんだけど、それ以上に「つながり」を作るのが大事かと。そのためには、そのことに関わるすべての情報を入れ込んで整理しながら、考えてやっていく、ストック情報を積み上げていく、蓄積していく。そういうことで頭がめちゃめちゃ働くし、いいなということですね。

まずは、**情報を放り込んでつなげることを意識する。**頭の中だけじゃなくて、どこかにストックしておく。自分でやる時は、そういうツールを使ったりするのがいいと思うし、あと、人に話して、人に整理してもらうのもいいかもしれませんね。

自分の人生は自分でコントロールする

キーワード
働き方、ライフデザイン

2022年4月19日
「自分のキャリアは自分で作る」

昨日の放送で言ったのは、「自分のキャリアは自分で作る」ということでした。難しいのはわかります。会社の都合ばかりが優先で、自分の意志は全然通らないみたいなことはあるかもしれない。それに、出世レースに取り込まれて、営業の実績レースをやってるだけです、みたいな方もいるかもしれない。「自分のキャリアを自分でつくる」ってなかなかできないんですよ、とおっしゃる方もいるかもしれません。

だけどやっぱり、**自分の人生を自分で歩いていくのは必要**だなと思うわけです。人と競って勝っていくのが好きという方は、ガンガン出世レースに乗ればいいんだけど、会社が何となくし向けて、勝った負けたを競わせてみたいな「会社の思い」でレースさせられるってなんか嫌じゃないですか。

僕が入った銀行は、そういうことの連続で、最初、副調査役って役職につくんだけど、同期160人中ほとんどが副調査役になったのかな。さらに次の調査役では役につける人はグッと減るらしいので、例えば160人中100人とかですかね。あるいは、人によっては同期から1年遅れで調査役になる人もいるわけです。

そうすると、「1年おくれた」みたいなことが噂になるんだよね。「同期のあいつ、調査役に上がった」、「あいつは上がれなかった」とか、「1年おくれだった」みたいな噂話を思い出すと、本当馬鹿じゃないかと思うんだけど。

さらに調査役の後はもっと差が開いて、2年おくれでようやく昇格することがあるらしいんだけど、そうするともうかなり出世競争みたいなのではおくれをとってリカバリーするのは無理って感じになるみたいなんですよね。

で、最終的には部長とか役員とかになれない人がほとんどで、誰が会社に残って誰が辞めるとかも見えてくるみたい。周りは、そんな噂ばっかりしてるわけですよ。正直、悲しい人生だなって思いながら見てましたよね。

そういうレースを本当にやりたかったのかって、改めて自分に問うてみるといいですよね。多くの人は多分、そんなことやりたくないんですよね。だったらやらなきゃいいじゃんって僕は思うんです。

ほら、ドラマ『半沢直樹』に「あいつは○○社に出向になった」みたいな噂話をするシーンがあるじゃないですか。ああいう感じで、**最後まで、会社にキャリアをあてがわれる人生を送っている人が多い**んだと思うのです。それだとそんなにハッピーな感じじゃないですよね。54、55歳で出向したら、ここから先は「もう余生です」みたいな感じで。

俺は50代半ばで体のそこかしこがおかしいけど、まだまだ働けるわけ。なのに余生ですみたいなのは、ちょっと寂しいよね。

繰り返しますが、**自分のキャリアは自分でつくるということに尽きる**ということです。大変かもしれないけど、でもやっぱり自分はこうしたいんだとか、こういうキャリアを歩みたいんだということを徹底的に突き詰めて、そこに向かっていく方が多分幸せになるんじゃないかな、ウェルビーイングなんじゃないかなと思うわけです。

スティーブ・ジョブズがスタンフォードの卒業式でまさにこう言ってます。

“And most important, have the courage to follow your heart and intuition.They somehow already know what you truly want to become. Everything else is secondary.”

そして最も重要なこと。本能と直感に従え。それらは自分がどうなりたいのかっていうのはわかってるはずだと。それ以外はすべて二の次だ。

自分の本能と直感、つまり「想いに従え」ということを、スティーブ・ジョブズは言っているんです。会社の出世競争も、自分の本能と直感に従って「やっぱり俺は出世競争で勝ち抜くのが最高に気持ちいい」というのではないのなら、出世競争とかに乗らず、世間的な見栄とかも気にせず、チンケなプライドなんか捨てて、自分は何がやりたいのかをしっかり考えることが僕は大事だというふうに思います。

「羊一さん、言っていることはわかるんですけど、僕なんかやりたいこととか、本能とか直感とかないんですよ」っていう人はどうするか。こういう、人生どうしたらいいかわからないみたいな状況って、ちょっとやばいんじゃないの?って思う。なぜかというと、嵐の中を羅針盤もない、ハンドルもない船で揺られるがままでいいんですか?、それ、沈んじゃうよ、みたいに思うわけです。

そうじゃなくて、自分で自分の人生をコントロールできた方がいいと思うんです。それにはやっぱり、若い人でもシニアでも、足元にあることを徹底的にやりまくることですね。それをもとに**「これが良かったな、良くなかったな」って振り返り、気づきを得る。それを繰り返しながら、自分がどう生きていきたいかを考えるべき**かなと思います。

僕は、この先の人生に何が待ってるんだっけとか、俺は何をつかみ取るんだっけみたいなことをいつも考えてます。その上で、今こういう状態だからもっとこういうことを努力しなきゃいけないとか、こういうところにエネルギー注いでいかなきゃいけないと考える。それが、自分のキャリアは自分でつくることにつながっていくんですよね。

僕はいつも「Lead the self」、「汝自身を知れ」って言ってます。他人の意見、チンケなプライド、世間的な見栄、他人とのレースがどうこうっていうのは一切解き放って、さて自分はどうやって生きていきたいんだっていうことをひたすら問い続けることでしか、どういうキャリアをどういうふうにたどっていくのかは見えないんじゃないかなって思う次第です。

「いや、言ってることはわかるけどね」って思われる方は、どこかでボトルネックになっている部分があると思うんで、それが何なのかを確認してクリアする。あるいは、なんだかモヤモヤするんだよねっていうことであるならば、足元の仕事をガンガンやって振り返り、気づきを得る、で、また足元の仕事をガンガンやって時々振り返るということをやってみるといいかなと思う次第です。

それでも**「それはわかってるけどなかなかね……」**と言う人には、**永遠に道は開かれないですよ。**自分が動かなかったら何も生まれないんですよね、ちょっと厳しいようだけど。もう無理やりポジティブになってガンガン進んでいくしかない。**自分が何に心躍るのか、なんだったら耐えられるのかなどを、過去を振り返りながら考えて、汝自身を知る**ということですね。

AIを超えるものを作れるか

2023年4月18日
「ChatGPTを普通に仕事で使ってますが」

キーワード
働き方、日々の業務

今期の大学の授業が始まりました。2年生の「事業と哲学」では、20人ぐらいずつ3つのクラスに分かれて、難しい哲学を語るんじゃなくて自分の軸みたいなものを明確にしていこうという授業をやっているんですけど、たくさん対話をして楽しんでもらえたらなというふうに思います。

答えがない問いに対して自分なりの考え方とか、他人がどう考えるかを合わせながらどういうふうに考えていったらいいんだろうって、答えを出すわけでもなくて、会話を深めていくことをやっていくわけなんですけど、非常にいい時間になったかなというふうに思うんです。

今日は「正しさとは何か」というテーマで話をしてもらいました。そこで、「正しさ」と聞いて出てくるいろんな言葉を議論して共有してもらった後に使うための、ビジネスを取るか、社会的責任を取るかみたいなことで今悩んでるケースを、ＣｈａｔＧＰＴに作ってもらったんです。

そしたら、結構大したものができるわけですよ。もうちょっとリアリティが欲しいなって言ったら、こんなのどうでしょうっていうことでＡ４１枚分ぐらいのビジネスケースが出来上がりまして、「こんな問いを立てたらどうでしょうか」みたいなそんなところまでやってくれる。

ＣｈａｔＧＰＴはすごいなと。

ちゃんと条件を提示する必要があるんですけど、要は「武蔵野大学アントレプレナーシップ学部の2年生の授業『事業と哲学』でこんなことについて話す。第1回が正しさについてで、こんな時間にしたい。ついてはケースを作ってくれ」ってちゃんと指定すれば、それなりのものが出てくるわけです。その上で1回追加で「もうちょっとリアリティが欲しいんだけど」みたいに指定して出てきたものが、授業でそのまま使えました。

それから、あるプロジェクトのキャッチフレーズを考えるということでも、「こんなこと今、考えてんだよね。これに対する英語のキャッチフレーズを作ってくれ」みたいな感じで言うと、それにどの程度オリジナリティがあるかどうかはさておき、キャッチフレーズっぽいフレーズがいっぱい出てくるんですよ。「もう10個、挙げてくれ」って言ったらもう10個出てくるし、「もっとここの部分をフォーカスしてくれ」って言ったら変わって出てくるし、やばいんですよね。

結構、それがかっこいいのよ。英語のセンスってよくわからないんだけど、めっちゃかっこいいふうなのね。そういうのが瞬時のうちにいっぱい出てくる。

やっぱり一流のコピーライターにはかなわないと思うんですけど、ちょっとしたアイディアを出すような人は、これは仕事取られちゃうなっていう感じはしますよね。

あとは生成系ＡＩを使って絵を描いたりすることも結構できるみたいで、いろんなプロンプトで条件を与えていくと、すごい素敵な絵がどんどんどんどん描ける。これで絵本を作った人とかもいる。

例えば、今、出張先のホテルの部屋に、セラピストのアロマトリートメントを受けられるサービスのチラシが置いてあります。そのチラシに「贅沢な時間を旅先で」というメッセージと共に女の人がマッサージを受けている写真があるんだけど、こういうのもこれまではいちいち撮影していたと思うんですよね。

でも今後、そのぐらいだったら必要なくなるんですよね。これは怖いことで、クラウドソーシング的にやってた仕事は多分、相当なくなるなと思ったわけです。

ＣｈａｔＧＰＴは僕にとってものすごい大事な壁打ち相手になっているし、いろんなアイディアをまず出す時とか、整理するとかケースを作る時とか、すごい活躍してくれるわけですよ。

ＣｈａｔＧＰＴを使いこなすことが重要になってくるわけです。

例えば「『1分で話せ』という本の、こういう感じでコミュニケーションの大事さとかを語る項目立てを作ってください」って言ったらすぐ作ってくれるわけ。ただ、それは僕の本と比べてみるとまだやっぱり自分には全然かなわないというか（笑）、面白くないんだよね、合理的だから。僕らしい面白さみたいなものを出すから、あの『1分で話せ』になっているわけです。

ＡＩを超えるものを作れるか、またできないかで人間の力の発揮度合いは大きく変わってくるので、ここから先はＣｈａｔＧＰＴを使ってめちゃめちゃ仕事がハイレベルになっていく人と、ＣｈａｔＧＰＴレベルのことしかできずにそこに埋もれちゃう人と、格差が激しくなってくるように思うんですよね。本当にちゃんと力を鍛えていかなきゃいかんなと。

どの力を鍛えていくのかは、今、ＧＰＴ－４に課金しながらいろいろやっていて、まだちょっと見えないところがあるんですけど、引き続きいろんな仕事に使いながら試していこうというふうに思ってます。

そんな衝撃体験をしたということを共有しておきたいと思います。

前職での経験を次の仕事で活かす

2021年3月23日
「経験から学んで、新しいものをつくってるのよ。」

キーワード　働き方、1on1

ニュースを見てたら、第一生命の「将来なりたい職業ランキング」で、小・中・高の男子の1位が初めて会社員だったそうです。なんか夢がないみたいなことを言ってる人もツイッター（X）で見たんですけど、コロナでテレワークを強いられたお父さん、お母さんの働く姿を見て、なりたい職業になったのかもしれない。だとしたらめちゃめちゃいいですよね。ほっこりとしました。

夢を持ってそこに向かっていくのは素敵なことだし、それが実現しなくてもやっていくうちにどんどん違う夢が見えてきて、世界が広がってきて、また新しい道を見つけて歩いていくみたいなことができたらいいなって思うんですよね。社会人、僕ぐらいのシニアになってもみんな、将来こういうふうなことをやってみたいって夢を持ち、そこに向かうのは素敵だなと思います。

今日はね、みんなの夢を応援することに時間をとりました。何かというと武蔵野EMCに入ってくる新入生との1 on 1と、ヤフーアカデミアで3人ほど2 on 1をやったということです。

武蔵野EMCでは、入学者との顔合わせに30分とってます。1学部60人で、現在、44名までは1 on 1をやってます。何でEMCに来てくれたの？とか、なんでそもそもEMCを知ってくれたの？とか、今困ってることない？とか、今言っておきたいことない？とか、高校ではどんなことやってきたかという話を聞いてるわけです。

入学者は最初、面接試験か進路指導の時間かと思って緊張しているんですけど、「いや、別に緊張することなくて、フラットな関係を作りたいんだよね」と言うと、みんな楽しそうに話をしてくれるわけです。こういう時間を持つのはめっちゃ大事だと思うのよね。

大学ではゼミとかがそういう時間になるのかもしれないけど、ゼミってあくまでその教授の研究とかに前提として紐付いてるわけでしょ。そうじゃなくて、学部としてとか学科として1 on 1をしっかりやるのは当然大事。これは**ヤフーアカデミアとかでやってきた経験を、大学の教育に持ち込んでるということです。**だから、1対1で学部長が会うって珍しいかもしれないんだけど、僕にとってみればずっとやってたことを、単純に武蔵野大学でやっているということです。

僕は大学教育においては素人だけど、みたいなことを時々言うんですけど、よくよく考えてみたら別に素人とか玄人とか関係なくて、教育者として、ビジネスパーソンとしてはずっとやっているんで、必要だと思うことをその経験の中でやっていくっていうことです。中学生だろうが高校生、大学生だろうが、社会人だろうが、使う言葉とか考え方って同じでいいんだなっていうのが僕の印象です。言いきっちゃうのはちょっと乱暴かもしれないですけどね。

中学生とか高校生とか大学生を対象に、秋口にかけてオンラインで「伊藤羊一塾」をやったんです。そこで言葉使いとかもほとんど変えず、大人にやることをそのままやったら、みんな理解してくれるし、成長する。しかもみんな楽しんでくれたわけですよ。だから、中学生以上ぐらいだったら、みんな変わらないなってのが僕の理解ですね。

と考えたら、社会人でやってることを大学に持ち込んでやったら、大学生にとってプラスになるということですよね。

あと、ヤフーアカデミアでインスパイアされて武蔵野EMCでやっているのは、寮なんかもそうなんです。ヤフーで寮をやってたわけじゃないんだけど、イメージがずっとあったんですよね。ヤフーアカデミアの卒業生に聞いてみると、印象的だというのは、2泊3日の合宿なんです。名物コンテンツで、北海道の美瑛町や東京都の府中、神奈川県の湘南国際村とか、いろいろと場所を替えながら、コロナ前はよくやってました。

府中の合宿施設で2泊3日で1クラスやって、続く2泊3日でもう1クラスやってという感じで、僕だけ1週間ぐらい泊まってやったり。その時にクラスとクラスの合間に、夜、1人で散歩してて、「寮長みたいにここに俺は住んで、2泊3日の合宿だけじゃなく他の会社の研修とかもやったり、何なら新入社員は1年ここに住み込んでみたいな感じでやったら、みんなのすごい学びになるな」みたいなイメージがパーッと湧いて。

合宿だと、受講者がみんな、夜な夜な熱い議論してたりするわけです。それを見ながら、そんなことをやってみたらどうだろうなって思ったのよ。それを実際にやったのが武蔵野EMCなんですよね。1年生はみんな寮に住み、集まって侃々諤々と議論する。そこに俺が時々入る。「羊一さん、寮に住むんですか」ってびっくりされるけど、僕からすると最初のイメージがそれだったんで、当たり前なんですよね。

それから入試も、実はヤフーアカデミアからインスパイアされてます。総合型入試、昔はAOって言ってたものがあるわけです。自分が言いたいメッセージを作ってもらったり、自分がやってきたことをアピールしてもらったりするんだけど、問題についてだけ書いて出すのって超いまいちじゃない。あとアントレプレナーシップ学部だからって企業のアイディアとか、社会問題についての課題感とか書いてもらってもいまいちだなって。

だってそんなもん、適当にどこかから持ってきて作文されたら嫌だなって思って。

それで、2問出しますと。「あなたのことを教えてください」というのが1問で、「あなたが感じるモヤモヤや、逆にワクワクを教えてください」っていうのが2問目。そういう話を書いてくださいってしたわけです。

ヤフーアカデミアの時にも、エッセイを常に書いてもらっていました。ヤフーアカデミアって毎年100人ぐらい採っていて、ざっくり競争率3倍ぐらいで300の人にエッセイを書いてもらって全員のエッセイを読んで、全員とまずは面接するんです。その時に問題を出すだけじゃいまいちなので、俺からのメッセージを文章や動画で伝えた上で、エッセイを書いてくださいというような形にしてたんです。

面接とか入試もコミュニケーションの時間だよね、コミュニケーション始まってるよねと思って、EMCでもヤフーアカデミアでやってたようにメッセージを作って受験生に出したんですよ（「受験生へのメッセージ」https://www.musashino-u.ac.jp/academics/faculty/entrepreneurship/message/）。

入試の現場での1 on 1も、ヤフーアカデミアその他の場所で自分がやってきたことをベースにしてるということです。他の大学を一切参考にしてないんです。

そこに呼応してくれた学生は、全国の高校生の中のほんの一部です。僕の分身みたいな感じなんで、だから大切にしたいなと思ってます。

転職に値する違和感かを考えよう

2022年4月25日
「組織に属した時に、仕事してるとどうしても感じる違和感にどう立ち向かうか。」

キーワード
働き方、ライフデザイン、日々の業務

今日はキャリア特集の最終ということで、ハッシュタグ企画「#会社とのズレを感じたら」。「新生活の後に控える五月病の季節。会社との短期的なズレや長年積み重ねた違和感が大きくなったら考えたいこと等」というテーマでお話をいたします。

会社が目指すべきもの、ビジョンとかミッションとか、会社のウェイ（ｗａｙ）、会社のホワイ（ｗｈｙ）、パーパス（purpose）と言ったりもしますけど、これが自分にフィットするかを常に認識しておかなきゃいけないと思うわけです。これが自分とずれている、また、後からどうも違うような、ずれているな、というふうに感じたら、どっかに行く。自分で商売するなり転職するなりを考えた方がいいかなとまずは思います。

チームとか組織は何のために一緒にいるかというと、ビジョンとかミッションを共有する、そこで共通のゴールに向かうために一緒にいるわけなんです。それなのに、**会社のビジョンとかミッションと自分がフィットしないということであれば、違うところに行くことを考えるのがいい**と思います。会社のビジョンとかミッションとかバリューというのはすごく大事なことで、多くの人はそこに共感して入っていると思います。だからそれをまず問い直してみるということです。

ただね、一人一人が仕事をやった時に感じるのは、そういう会社のビジョン、ミッション、バリューに対する違和感というより、チームにおける違和感とか人間関係の違和感だと思います。

あるいは、「こういうふうに仕事をやっていくって言ってるんだけど、今の政策としてはそういうのじゃねえな」みたいな**短期的な違和感を感じた時に、これはどうしようもないことなのか、それともどうにか自分がアジャストできるものなのかは考えてみるべき**と思うわけですよ。

僕自身はよく、「自分の人生を生きようぜ」という話をします。そして、「**会社と自分の関係で言えば自分優位で自分の想いを実現するために会社があるんだって思おうね**」という話をよくするんですが、それは必ずしも、何から何まで自分の想いとちょっと違っていたら、すぐ転職するとかフリーランスになるとかした方がいいよという話ではないです。

日常生きていると、ちょっとした違和感とかは出まくるわけです。僕も、何から何まで違和感を感じないで仕事するということは、今までの人生の中でほとんどないですね。

例えば、プラスはものすごい好きな会社だったたし、自分を成長させてくれたし、オーナーがすごい好きだったたし、チームのみんなもすごい好きだったたんだけど、じゃあ短期的に全く違和感を感じないでやれていたかというとそんなことはなかったです。ヤフーもそう。日々、多少は「もうちょっとこういうふうにしてくれればいいのにな」みたいなことはあるわけですよ。

武蔵野大学だってそう。武蔵野大学で仕事するのは好きですし、武蔵野大学の方々も本当みんな好きだし。なんかみんな一生懸命なんですよね。それに、「世界の幸せをカタチにする。」という武蔵野大学のブランドメッセージも、100％共感している。なんだけど、日々、実務とかをやっていて、完璧に違和感なくやれているかというと、「これ、もうちょっとこういうふうにした方がいいんじゃないの」と思うことは正直あります。

なので、短期的なちっちゃい違和感とか、この人と折り合いが悪いとか、そういうのはあんまり気にしない方がいいかなって僕は思うわけです。人間関係の違和感みたいなところも、会社では異動があるから、待っていれば自分か相手のどっちかが消えたりするわけですよ。だとしたら、それを待ってみるのもいいかなと思うわけです。

でかいところで違和感を感じるんだったら即、転職などを考える。だけど、ちっちゃなところで違和感を感じるのは、本当にそれはどうしようもないことなのかを振り返ることが大事。

組織って自分が心地よいことばっかりじゃないところは多少理解することが大事かなと思います。メンバーそれぞれの立場があるから、目指すゴールは共有しているけれども、個々の話においてはちょっと利害が対立するみたいなことはあるわけです。だからそこをちゃんと理解しながらやっていくのがいいかなと思います。

僕は、銀行の時はちょっと違和感を感じたんだけど、そこから先は、ほとんど違和感を感じずに20年ぐらい仕事してます。違和感を我慢するでも忘れるでもなくて、、自分のものとして解決して、大きなビジョンとかミッションとかに惚れて仕事をする、自分のコンディションを持っていくというところを常に気をつけながらやってるんですよ。

細かい違和感がいっぱい出てきても、その日その日でちゃんと振り返って向き合って、解決策を考えることを意識してやってるんですよね。そうすると、細かい話もどんどん改善していきます。**「違和感あるなぁ」みたいな感情がやってくるんだけど、解決策は感情抜きに考えること**です。そうすると自然と消えることは結構やってきたので。

違和感を感じたら、まずは感情的に受け止めちゃうんだけど、感情をちょっとさておいて解決に向かうことをやってみるといいんじゃないかなと思います。

経験はいずれつながると信じよう

キーワード　働き方、ライフデザイン、マインド

2021年12月24日「Connecting the Dots. 全てつながるから。」

今日は「**Connecting the Dots**」という話をしたいと思います。

これは、有名な言葉で、スティーブ・ジョブズがスタンフォードの卒業式でのスピーチで最初にしています。ドットがコネクトするということで、点と点がつながる、**様々な経験は後からつながる**という意味です。詳しくはスピーチを聞いていただきたいと思うんですけども、ジョブズは、大学に行ったけど面白くないから退学することを決めて、カリグラフィーという文字を装飾するクラスにちょっともぐりこんでみたら、面白そうだから一生懸命勉強したんですよね。それでジョブズは学んで何の役に立つかは考えたことがないけどただただ面白いから学んだんだけど、10年後に最初のマッキントッシュを設計する時にそれが蘇ってきて。

だからＭａｃには複数のフォントがある。自分が最初にコンピュータに装飾されたフォント

をのせたのが今のベースになっている。そんな話をしているわけなんですけど、それでね、彼は言ってるわけですよ。

“You can't connect the dots looking forward ;”

要するに「将来あらかじめ見据えて点と点をつなぎ合わせることなどできません」と。

どういうことかっていうと“You can connect them looking backwards.”「後からつなぎ合わせることだけだ」と。

だから、今やってることがどう将来につながるかなんていうのは考えてその通りにはできないということです。逆に言うと、我々は今やってることがいずれ人生のどこかでつながって実を結ぶだろうと信じるしかないと彼も言ってます。

“So you have to trust that the dots will somehow connect in your future.”

「今やってることはいずれ人生のどこかでつながって実を結ぶだろうと信じるしかないということだ」と。

だからそれを言い換えると、無駄なことはないということですよね。**キャリアとか人生とかはコネクティングドッツそのものだ**というふうに僕も思います。

だから**やっていることが今この瞬間つらくても、それは必ず将来の役に立つというふうに思ってやるというのはめちゃくちゃ大事**で、どういうふうに役に立つかは考えてもわからない。

例えば僕は東日本大震災の時にプラスにいて、物流の復旧でいろいろスピーディーに動くことができたんですけど、それはコネクティングドッツの結果です。どういうことかっていうと、まず最初に僕はそこにつながる経験をしています。何かというと1995年に起きた阪神・淡路大震災です。

阪神・淡路大震災の時はテレビで見るばっかりだったんですけど、ダイエーの中内社長（当時）がテレビに出てたんです。道端で、「ダイエーはとにかく店を開けてますから、皆さんどんどん来てください」って言ってたわけです。で、ボランティアでみんなあげるとかそういう話じゃなくて、店を開けてるから買いに来てくださいというのは何なのかな、みたいな感じだったんだけど、中内さん、かっこいいなって思ったんです。だから自分も中内さんみたいに何かそういう時には役に立てることをしたいなと思った。

その後は2004年です。僕はプラスに入って物流の仕事をやり始めた時に中越大震災が起きて、その時は実際には何も動けなかったんです。めちゃめちゃ敗北感っていうか、俺、なんでこんなに何もできないんだろうってなげいたんです。

その後、例えば火事が起きたとか、高速道路などで土砂崩れが起きたとか、台風とか雪とか停電とか、いろんなことでトラブルが起きた時には、中越大震災の時の経験が悔しかったので、自分が先頭に立って復旧を指示していきました。

そんな中で東日本大震災があって、2011年にはもう体がならされてたんです。自動的に動いていたし、中越大震災の時のようなことはしないぞって思ってたし。その時に初めてダイエーの中内さんが何をやろうとしてたのかがよくわかったんです。**企業というのは本業で一番、価値を発揮する**んだなと。いろいろスピーディーに動くことができたのは、過去の経験が役に立ってるから。これ、コネクティングドッツの例ですよね。

やっぱりつながるんですよ。**振り返りながら、この経験ってひょっとしたら過去のこれとつながるかもしれないと考えていくことはめちゃめちゃ大事**だと思うんです。**一生懸命やってきたこと、一生懸命生きたことは必ずつながっているんですよね。**

ジョブズも言ってるように、最初からつなげることを意識することはできない。だから後からつながるっていうことです。だとしたら、**未来に必ずつながると信じなきゃいけない。**

今やっていることで「これ、何の役に立つんだろう」ってモヤモヤしている人は多いんじゃないかなと思うんですけど、コネクティングドッツを信じて、足元のことに一生懸命取り組んでください。きっとコネクティングドッツになります。

第2章

コミュニケーションの基本はリスペクト

シリコンバレーの3つの合い言葉

2022年9月13日
「We can do it. 立ちあがろうジャパン。」

キーワード　コミュニケーション、ロジカルシンキング、マインド

アントレプレナーシップ学部の1期生を連れてシリコンバレーに行き、現地のスタートアップや日本のインキュベーター、ベンチャーキャピタルの方々とか、日本企業の駐在員の方たちといろんな形で時間を過ごしました。学生たちは最終日に、ビジネスプランや生きざまについて、ゲストに英語でプレゼンを行ったんです。それに対してコメントとか質問とかをたくさんいただいて、ものすごい温かい時間を過ごしました。僕と一緒に行った教員が2名いるんですけども、3名とも英語でピッチを行いました。

2012年から2014年ぐらいまで、僕はプラスでスタートアップのサポートをやっていました。その頃にシリコンバレーを訪問した時はあまり感じなかったんですが、今回は自分がアントレプレナーシップ教育を気合いを入れてやっていることもあり、以前より未来の日本というものにコミットしてやっていることもあって、主体的に参加したわけです。そういうこともあって、ものすごく大きな刺激がありました。

そこで思ったのが、**「日本、このまま脱皮できないとホントマジやばい」**。

今までもマジヤバイと思っていたんだけど、そもそも成長する必要あるんだっけ？みたいに心の奥底では思っていたところがあったし、日本も暮らしやすいしエキサイティングなこともあるし、頑張ってやっていければ何とかなるさ、と思ってたんですよ。一人一人が「Lead the self」で自分自身をリードさせて目覚めることに集中して、国全体でどうしていこうか、とかっていうのは、自分の持ち分からはちょっと離れるとか思っててね。でもそれ、全然違うと、本当にヤバイなという、そんな感触になったわけです。

やっぱり、国としてのエネルギーを再び出さなきゃいかんなと。そのためにできることをやらなきゃなというのを改めて強く強く思ったわけです。そのために何ができるかというと、事業をやる、サービスを作る、それから政治家になる、行政で何かやる。いろんなやり方があるわけですよね。

僕は大学の新しい学部で学生たちが成長して、日本全体にアントレプレナーシップが徐々に浸透していくことを通じて日本を元気にすることに貢献しているつもりではあったんだけど、海外で仕事をすることについては、ずっとあまり興味を持ってなくて。

銀行からプラスへ行く時に半年ほどボストンで英会話学校に通っていたんだけど、自分はグローバルと縁遠い人間かなと何となく思ってたんです。だけど一方で、そこを無視しては生きていけないなって。**海外志向とかじゃなくて、日本を盛り上げるためにグローバルは外せない**と改めて強く実感したわけです。

シリコンバレーに行くと、やっぱりアメリカはめちゃめちゃ元気だと肌で感じるわけ。5年、10年の単位で見ると、経済成長しているわけですよ。一方、日本は全然ですよ。日本経済を見ると1995年を境に横ばいです。それまではずっとGDPが成長してきて、1995年まではアメリカの成長のスピードと日本のスピードが同じぐらい、いや、むしろアメリカより速かったかもしれない。で、アメリカの7割ぐらいのGDPは稼げていたんですけど、もう今ね、アメリカの4分の1ぐらいなわけです。

中国も2005年ぐらいから伸びてきて、日本を10年前ぐらいに追い抜いている。インド、イギリス、ドイツも日本よりは成長している。数字を見て日本のヤバさはわかっていたんだけど、それを肌感覚で感じました。

1995年というのは、Windows 95 発売の年ですよね。アメリカのヤフーが1994年にサービスを開始して、ヤフージャパンができたのは1996年4月です。インターネット元年に、日本は成長を止めたんだよね。

もの作りはずっと強いんだと思いますよ。だけど、インターネットの波に完全に乗り遅れたという日本の現状は、GDPの成長だけで見てもよくわかるんです。

１９８０年代までの日本はめっちゃ強かったですよ。ジャパン・アズ・ナンバーワンとか言われてね。ニューヨークの不動産とかを日本の企業が買いまくったり、映画会社を日本の会社が買収したりとか。日本の存在感がめっちゃすごかったわけですよ。

でも今は、空港に行っても日本企業の広告なんか全然ないし、存在感ゼロですよ。電化製品も韓国製ばっかりだし。強いて言えば、日本車はいっぱいまだ走っています。でも、それも昔ほどではなく、テスラとか韓国製の車が増えて、日本車が微妙に少なくなっている。

為末大さんがＳＮＳで、日本は「なにかあったらどうする症候群にかかってる」と発言していました。要するに**日本はチャレンジして何かあったらどうするんだということでチャレンジしない。それで、変革も創造もしないから、新しいことが全然生まれない。**インターネットは既存の産業と比べて初期投資が少なくて済むわけで、アイディア次第で新しいことをつくれるんだけど、何かあったらどうするんだと言って、やらないということなんですよね。

僕は「だから日本は駄目だ」とか言うつもりないんです。僕は１９９０年から働いているんで、停滞の当事者のひとりなんです。だから、自分ごととして捉える必要があると。

シリコンバレーで話を聞いたら、誰も彼も全員、とにかく3つのことを言っていました。「Think big」「Just do it」「Fail first」。

つまり、**考えて、とにかくやり、ガンガン失敗しろ**ということですよ。日本だと「失敗を初めに考えるのはよくないよね」みたいな意見が出てくるんだけど、「やったら失敗するよね。

それを改善していくよね。やらなきゃわからないよね」みたいな感覚が徹底しているわけですよね、シリコンバレーには。だから、シリコンバレーに象徴されるインターネット産業、ひいては米国経済は成長するんだと思うわけですよ。

ライドシェアのウーバーで、タクシー業界がなくなっちゃっていっているわけです。僕は昔、米国でタクシーに乗るのが嫌だったんだけど、今だとアプリが便利だし、運転手が余計なことしないし、車の中がきれいだし、最高なんですよね。で、日本はどうかというと「なんかあったらどうする症候群」で、結局タクシー業界を守るような形になっていて変革が起きていない。これじゃ、もったいないぞと思うわけですよ。

今の状況はやっぱりおかしいとあっちに行ってめっちゃ感じたので、僕も言っていくだけじゃなくて動こうと。とにかく、武蔵野ＥＭＣをベースに海外の熱を持ってきて日本を変えて、盛り上げていくことを本気になってやろうと思います。

We can do it!

主体的にアドバイスをするための4つのプロセス

キーワード
コミュニケーション、ロジカルシンキング

2022年2月10日
「いきなり結論にいかないで、プロセス踏んで考えよう」

先日、ある会社さんから「このテクノロジーを生かしてどうやってビジネスをやっていったらいいか、アドバイスをください」という相談があって、役員の方たち3人と面談したんです。その1人が僕の友人なんだけど、事前準備をせずに丸腰でそこに臨みました。**ひとまず話を聞いてほしいんですと言われた時には丸腰でいくのをベースにしてます。**

理由は2つあって、一つは自分がまず全く認識がないテクノロジー分野だったりするわけです。「初耳、すげえ!」みたいな分野なわけですよ。わからないからそこで初めて聞くしかないわけです。

それからもう一つは、そもそも初めて聞くわけだから、その会社がそれを生かして、どうしていこうと思っているのかは、僕はわかっていないわけです。

話を聞き始めた瞬間は「何で受けちゃったんだろう。俺、何も言えねえ」みたいな感じになるかなと思ったんですけど、結論からすれば、先方に気づきを与えることができたのかなと。手前味噌になっちゃうんだけど、よかったなと思うんです。

僕、本当にこういう機会が多いんですけど、割と結構いい感じに終わるということが多いというか、ほとんどみんなに気づきを提供できています。

別に僕、物知りじゃないし、コンサルタントとして優れているわけでもないんだけど、なんだか大体は皆さんにすごく喜んで帰っていっていただけています。これ、なんでかなと思って、自分がどんなふうに喋ってるかを分析してみようかなと思って、今日お話しします。

アドバイスをする時のプロセスは4つあるので、順番に説明します。

1つ目に話を聞く時のポイント。面談が1時間あれば、そのうち20分ぐらいは向こうの話を聞くわけなんだけど、**自分に引き寄せた質問をしながら話を聞いていく**のが大事ですね。そういう方たちって素人に話すのに慣れてないわけです。だからその人がそのまま話すと、自分たちしかわからないような説明の仕方になるんですよね。なので、「これってひょっとしてこういうことなんじゃないかなと思うんですけど、どうですか?」みたいな素人目線から質問していく。言い換えると**素人目線で質問するのを恐れちゃ駄目**だということです。

2つ目は、1つ目の質問を下敷きにして、ダイナミック(動的)にどうしていきたいかを聞

くんですよ。だけど、どうしていきたいですか？って聞いても、その人たちなりの発想でストーリーを話してくれるだけです。自分たちでは満足できていないから話しに来てくれているわけですから、彼らの持っているストーリーでは駄目なわけです。だから、何をやろうとしてるのかも、聞き手の立場に立って話してもらうことが大事。そのために僕は、**誰にでも考えつくような素人アイディアをポーンと投げる**ことを意識してやります。そうすると、「いや、これはね……」といろいろ解説が始まるわけです。その解説を聞きながら、「だからこの人たちはこういうふうに考えてるのね」みたいなことが見えてくるわけです。

1つ目と2つ目で、大体スタティック（静的）にもダイナミックにも構造が理解できます。1番で、こういう構造のものを今やっているんだな、2番で、それをこういうふうにやろうとしているんだな、それでうまくいかないんだなということが見えてくるわけです。

3つ目が大事なんですけど、結論を自分の中で仮説として決めた上で「ピラミッド」を作ります。結論と根拠のピラミッドを瞬時にパパパッと作っていくことが大事。ピラミッドをその場で考えるのは大変って思われるかもしれないけど、結論さえ決められれば割と簡単なんです。

この時のミーティングでは、「なるほど。この仕掛けは、企業がイノベーションを起こすための決定的な水先案内人になるぞ」という感覚を持ったんです。それで、まずはそれを結論にするわけです。仮置きでいいから結論を決める。それに基づいて、根拠を決めていくことです。**結論は本能と直感で仮置きするわけです。で、根拠はロジカルに3つぐらい考える。**わかりやすく言えば、**それがないとどう困るのか、あるとどう嬉しいのか、どうすればできるのかという3つの観点**。枠組みとして覚えておくといいですよ。

こうして「結論、根拠、例えば」と、順番に考える時もあれば、事例をひとまず考えることもあります。例えば「世の中にイノベーションの事例ってこんなのがあったよな、あんなのもあったよな」と頭のストックの中に入れとくみたいなのが結構重要で、Ｖｏｉｃｙで人が話していることも何となくストックしておき、紐付けておきます。

「イノベーションを起こすにあたって、トヨタは例えばこんなことをやろうとしていて、だけどもそこに対する勘どころは新しいことがなく、こういうことで困って結局ミスマッチが生じている。それがこの仕組みがあれば解決するんですよ」みたいな仮説ベースでストーリーが出来上がってくるわけです。

その上で**4つ目として、「だとしたらこういう形ですよね」と、そのピラミッドに応じた一歩踏み込んだ提案をする。**結構、僕はこういうふうにやってます。

このように、ちゃんとスタティックな状況を整理して、ダイナミックに聞く。そのために自分が当事者だと思って質問して、喋ってもらう。その上でそのダイナミックとスタティックの部分を整理してピラミッドにする。

頭の中で「結論、根拠、例えば」のピラミッドにして、その上でこうしたらどうですか、なぜならばこうだから、と、ソリューションをここで初めて出す。

つまり言い換えると、**いきなりアイディアにいかないっていうことなんですよ。**アイディアに飛びつかないということですね。だって、「こうやったらどうですか」っていきなり言われたらそれが名案かもしれないけど、聞いてる方は「お、おう……」って感じになるわけですよ。アイディアを考える過程でピラミッドを作って、「こうですよね。なぜならばこうですよね。例えばこうですよね」ということがあってから、「こういうソリューションはどうですか」っていうふうに提示すると、相手もその先をじっくり考えられるということです。

割と力強い、主体的なアドバイスができるはずです。もうね、めちゃめちゃ自信あります。ということで、皆さんが自分なりに解釈して自分なりにチャレンジして、良いコミュニケーションをできるようになるといいなと思ってます。

転職では、初日から能動的に動こう

2022年4月4日
「転職後の行動の極意。受動的になるな。」

キーワード
働き方、コミュニケーション、日々の業務

今日はですね、「#新しい会社で働くあなたへ」ということでお話をします。

SNSとかを見てますと転職や独立をした方も多いですし、逆にフリーランスからサラリーマンに戻った方もいらっしゃいます。環境が変わった人はめちゃめちゃ多いですし、どんどん増えている感じがします。

そして新人の方は、当然のことながら新しい環境で働くことになるわけですね。人間って、慣れていない環境に飛び込む時に「よろしくお願いします！」って元気にいける人と、おどおどして踏み出せない人と2パターンに分かれます。で、**大抵の人は受け身になっちゃうと思うんです。今回はこういう方々へのアドバイスをしたいと思います。**

転職する時は多少、会社のことをわかっているじゃないですか。だから、**メディアで流れて**

いる情報とか人と話しての情報とかを基にして、ある程度仮説を立てておくのはすごい重要だと思います。その会社（または組織）で何が起こっていてどんな問題がありそうで、自分はそこにどんな貢献ができそうか、仮説を立てておきましょう。もちろん伝聞情報だから仮説ベースでしかないんですけど、仮説のあるなしで入ってからの行動が変わってきます。**転職するDAY1の前に勝負は始まってます。**

入社後は人事部の人や同じチームの人がいろいろ説明してくれる時間もあるだろうけど、それ以外の時間は会える人と会って**「ちょっとお話、聞きたいんですけど」って言って仮説を検証し始めることが大事**です。受動的になるのを防ぐんです。

転職すると勝手もよくわからないから、まずはおとなしく話を聞いてみようみたいな感じで受け身になっちゃうじゃないですか。そういう受け身の姿勢ではなく、こちらから能動的に動くとよいです。仮説がないと、ボーッと待っちゃうんですよね。そうじゃなくて、入社直後の時間を有効に使うために「こんな話を聞きたいんですけど、どなたか紹介してもらえませんか」みたいにやると、初日から能動的に動くことができるんです。1週間ぐらいすると、初期仮説が現実味を帯びてくるので、本格的にヒアリングに入っていくといいかなと思います。

転職するというのは何かしらの役割を求められて入るわけです。だから、1か月、2か月、3か月経ってからよっこらしょって動きだすのではなく、1週間経った時点で本格的にヒアリングを始めるぐらいのスピード感でできると、めちゃめちゃみんなビビリますよ。だって、普通の人って、黙って口開けて待っている感じですから。

1か月で30人ぐらい会ったら、その会社あるいはそのチームが今、抱えてる問題はものすごく明確になるので、その後1週間くらいでソリューションをまとめる。そうするとね、入って1か月半ぐらいでどうしたらいいかが見えてくるわけです。そのぐらいのスピード感で動くと、周りは「この人、すげえ」ってなりますね。

あと、転職するとコミュニティの一員になるわけで、その際のスタンスもお話ししたいと思います。

転職した時に一番まずいのは、「そこに座ってて」と言われて、「はいわかりました」とボーッと座っていること。初日からバリバリやれることがあるわけないですよ。だから結構暇な時間であるわけです。その暇な時間でやることがないから、ボーッと座っている。ボーッと座っているだけも嫌だから、隣の人に「なんか読んだらいいものとかありますか?」って言って、「これでも読んだらどうですか」とか、パソコンのセッティングをやっててくださいとか言われて、なんかすごいフィットしないDAY1、DAY2を迎えたりすることがあったりするんですよね。

そうするとね、もうペースが乱れちゃうというか、せっかくポジティブにガンガン動ける人なのに、周りから「あの人なんかボーッとしてるよね」みたいな感じで言われて、初動がうまくいかないことが起きちゃうんです。

職場の輪にどうやって馴染んでいくかという話ですけど、**気後れしてもいいから積極的に入り込んでいくことが大事**です。僕はヤフーに転職した時に、とにかく1週間ぐらいは朝はすることがないから、とにもかくにも早く行って、みんなを待ち構えてるわけです。そして、同じフロアにいる70人ぐらいの人一人一人一人に「おはようございます」って挨拶しました。さらに、「どんなお仕事でしたっけ?」とかって毎日毎日、大体全員と話すようにしていました。

僕はヤフーに転職した時、48歳。そんなおっさんが「おはようございます」って声をかけにいくんですよね。そんな人は基本的にいないから、みんなぎょっとするわけです。だけど「おっさんでコワモテだけど、結構いいじゃん」みたいな感じで、そのうち向こうから話しかけてくれるようになったんですよ。そうやって、**自らコミュニティの中に溶け込みまっせ!みたいな感じで宣言するのがすごい大事**だなと思うんですよね。

職場でよく、話の輪ができていたりするじゃないですか。そういう時はあえて物欲しそうな顔して入っていくんです、勇気を持って。立ち話に行くのがいいんじゃないかな。そうすると、「この件は~なんですよ」「誰々さんが~って話してて」みたいに、優しい人が解説してくれます。

オンラインの時は、1 on 1ミーティングをお願いするといいんじゃないかな。「いきなり言われると、向こうも困るんじゃないか」と思うかもしれません。でも、駄目だって言われたらやめればいいわけで、まずはこっちから突撃するとよいと思います。**周りもあなたを受け入**

れたいと思っている中でこっちから突っ込んでいけば、話すきっかけはできます。

仕事においても、コミュニティの一員としても、とにかく自分でペースを握って動くことが大事です。そうするとね、単に受け身で待っている時より凄まじいスピードで、チームの中に馴染んでいったり仕事に馴染んでいったりできるんで、ぜひ意識してやってみるといいと思います。これは部署異動でも当てはまりますね。

新入社員の方は、そんなふうに行動するのはなかなかイメージつかないかもしれない。新入社員に対しては一斉に新人教育をする会社もあると思うので、そこは会社の方針に従って環境に慣れればいいと思います。

新入社員が2人とか5人しかいないスタートアップみたいな場合は、とにかく自分で動く。指導担当みたいな人がいると思うので、そこにガンガン突っ込んでいくことで、受け身になるんじゃなくて能動的に。「僕らはこんなふうに話を伺いたい」って働きかけるとかね。

まとめますと、受動的になるなということです。**受動的なスタンスを積み重ねると、能動的にやる場合と比べて、いろんなところで差がついちゃう**んですよ。知識を摂取するスピードとか、知識を摂取するクオリティとか、人間関係とか。もろもろにおいてスピードがのろいし、クオリティも低いしということになっていっちゃう。だから、入った初日から能動的に動いて、人間関係を作って仕事を学んでいくペースも自分でつかんでいく。そう考えるといいんじゃないかなと思う次第です。

いろんな人たちと徒党を組もう

キーワード　コミュニケーション、日々の業務

2022年11月4日「仲間を増やしていこう」

武蔵野EMCには「アントレプレナーシップ」という授業があるんです。これは毎週1人、アントレプレナーシップを持ったビジネスパーソン、起業家の方をお呼びして、全員集まって授業をやります。1年生の時は寮で、夕方6時40分ぐらいから授業を始めるんです。何でかというと、この時間帯ならゲストが来やすいだろうから。

毎週、様々な方に来ていただいてます。去年の今頃はVoicyの緒方憲太郎社長、一昨日はUnipos（ユニポス）の田中弦社長にお話しいただきました。

ユニポスは、みんなにありがとうを言いながらそれがボーナスになる「ピアボーナス」という仕組みでガンガン利用者を増やしているんですけど、このサービスがとても好きで、田中さんをいつかお呼びしたいなと思っていたんです。最近では『心理的安全性を高めるリーダーの

声かけベスト100』（ダイヤモンド社）という、一言で組織を生まれ変わらせる本を書いていらっしゃいます。ユニポスでの経験も踏まえてそういう本を出されていて、僕とかエール取締役の篠田真貴子さんとか、楽天大学学長の仲山進也さんがコラムを書いています。Voicyパーソナリティで言うと、チームボックス代表取締役の中竹竜二さんも書いていらっしゃいますね。

ピアボーナスというのは、同じ会社に勤めるAさんがBさんに感謝を伝える時、ありがとうのメッセージとともにボーナスポイントを差し上げるんです。すると、その投稿が全社に公開され、場合によっては他の社員から拍手がつくんですよ。拍手は1回あたり1ポイントつきます。つまり、「ありがとう、20ポイントあげるね」という投稿に対して100ポイントを拍手としてもらったら、あげたんだけどもらうのが多い。こうやってボーナスを与え合うと、社内コミュニケーションがすごく円滑になるというものです。

このサービスの誕生秘話が、めちゃめちゃ面白いんです。

最初は社員の感謝メッセージを見たくて、ダンボール箱に「ありがとう」って書いてメッセージ大賞みたいなものをみんなから集めようとしたんですって。でも、全然来ないと。それで、いっぱい書いた人には寿司をおごるってことにしたそうなんです。そしたらもう、ばかばか集まった。寿司をおごるというのをセットでやるといいんだなってわかったそうです。

それでメッセージを見てみたら、会社の命運を左右するような案件を誰かがやっていたんだけど、その人はすごい口下手で、あまりアピールしてなかったのを、「○○さんがこうやったおかげで会社のサーバーが助かった」みたいに感謝している人がいるのがわかって、社長はそういうことを知らないなと思ってサービスの原型を作ったそうです。

で、1年やってみて、これはいいねっていうことになった。それで、グーグルスプレッドシートを使いながら、2年目にはサービスのプロトタイプを作ってやり始めた。そんな経緯なんですよ。それを学生の前で話していただいたんです。

田中さんが、「話さなきゃ駄目だ」とおっしゃってました。それにはすごい勇気づけられたし、何よりユニポスという企業が、「縦の社会」から「横の社会」へのシフトを進めている。そこが日本の企業は全然できてなくて、縦のヒエラルキーやダイバーシティじゃない人間関係がまだ残っている。そんな中で、例えばリーダーに忖度するという世界を僕は撲滅したいというふうに思ってて。

世の中が変わっているんだから会社も変わろうぜって考えている会社もあれば、古い状態のままで変わらなくていいじゃんってなっている会社もあって。

僕はずっと、縦と横の関係の中で「日本、やばい」って言ってきた。そんな中でまだまだ可能性はある。どうするかというと、いろんな人たちと徒党を組むことが大事。その切り口で言うと、まさにユニポスなんかその尖兵なんですよね。リトマス試験紙みたいなもので、ユニポスを入れている会社はこっち陣営。入れてない会社にはまだ気づいてない会社もあるかもしれないけど、「ユニポスとかふざけるな」とかと思っている会社は俺らとしてはあっち陣営、ある意味敵であるというぐらいに思うわけです。ユニポスって社員同士でボーナス与え合うって仕組みで、僕からしたらそんなもん当たり前というか、そうあるべきだと思うわけですが、それはもう、縦社会からしたら頭おかしいわけですよ。

僕は**やっぱり行動し続けることが大事**だと思ってるんだよね。武蔵野ＥＭＣもそうですし、「ＥＭＣＰｉｔｃｈ」という学生だけじゃなく若者を仲間に入れる営みや、フラットに話題を決めてみんなで集まる「ＥＭＣカンファレンス」というのをやっている。そういう流れの中で、みんなで力を合わせて動いてるよって報告したい。本当に俺は今、チャンスのような気がしてきた。最近すごくしんどかったんだけど、元気をもらった。

日本はバブル崩壊後もＧＤＰは成長してたんですよ。でも、１９９５年を境に横ばいになった。「日本は日本なりの良さがあるから」とか「別に経済成長がすべてじゃない」とか言うのは簡単さ。だけど、昨日より今日、今日より明日、豊かになっていたいじゃない。成長しているという状況になりたいじゃない。成長していれば、なんか未来に希望を持てるよね。でも今のままだと未来に希望は持てない。

どんどん衰退していくのでも別にいい、ゆったり過ごせばいいじゃないか、電気もいらず、冬寒くて夏暑くてもエアコン入れず、車にも乗らないで歩いていいのか、って話なんですよね。でも、科学技術が発展して便利さを享受したいじゃないですか。ただ一方で、それだけじゃない幸せを追い求めることも大事だと思った時に、「まあ、いいじゃないか、日本は日本の良さがあるからさ」みたいな、そんな言葉で片付けたくはない。だから、いろいろなことを活動している。

例えばＶｏｉｃｙフェスは、あれは狼煙(のろし)なんだよね。あの時、誓ったことを「やろうぜ」というふうに言ったんだからやるべよ、ということだよね。Ｖｏｉｃｙフェスの話を言い続けるのは、過去にこだわり続けているんじゃなくて、あのスタートラインからどれだけ差分を生み出したかっていうことが大事なわけだよね。以降、そういうことが動いてるぜというふうに思って俺は頑張ってやってます。

世界が簡単に変わると思わないし、そんな簡単なもんじゃないのはわかってるけど、それでも「俺はこれだけやってきたよ、みんな、どれだけやってきた？」ってみんなで確認し合ってまた先に進もうぜって。そんな機会になればいいじゃん。僕はやりたい。少なくとも来年終わる時にはそんなふうになっているようにやりたいよね。

出たくない飲み会は出なくていい

2022年6月2日
「生きづらさの正体」

キーワード　コミュニケーション、日々の業務

ツイッター（X）とフェイスブックで結構反応が大きかったことについて、割と共感を得られるし、考えるテーマとして非常にいいのかなというふうに思って、話します。

「わかった。俺自身について。俺は仲間と魂を共有するの好きだし、喜びを分かち合いたいんだけど、『仲間とはしゃぐ』ことができないんだ。盛り上がるテンションは、人に左右されたくないからだ。これが自分の本質だ。55にして小学生の頃から抱えていた特質の背景を理解した。２０２２年5月29日」

とツイートして、そこに自分で、

「つまり、それを人に強いてもいいかんのだ。あたりまえだけど。だからウェーイ！というようなことはあんまり、リーダーとしてもやらんのだ（やりそうだけどw）」

というレスをつけたんです。

僕ね、仲間が大事で、ゴールを共有してゴールを達成した時は喜びたいし、喜びを分かち合いたいし語りたい。これはすごい好きなんですけど、はしゃぐということはできないんですよね。「のってるかい？」「イェーイ！」みたいな。今でこそなくなったけど、社会人になって最初の頃ってカラオケに行って騒ぐわけですよ。それで騒いで椅子の上に立って、踊ってタンバリンをシャカシャカやりながら、ネクタイをおでこにおきながら服脱いで……みたいなことをする流れがあり、それが嫌な時も嫌々やっていたんですよね。嫌々というのは、時々は酔っ払ってできるふりをするんですけど、基本、面倒くさいし、なんでやらされなきゃいけないんだみたいな。

苦痛で苦痛で、でもしょうがなくやってると、突っ込まれるわけですよ。「羊一、マジでやってねえじゃん。やってるふりしてるだろう」みたいなことを言われるんですよ。余計なお世話だろうと思うんだけど、胸が苦しくなりながらやってたんですよね。

人と飲み会するのが嫌なんですよね。会食でじっくり語るのとかは好きですよ。でも、**飲み会ではしゃぐみたいなのが憂鬱で憂鬱で。**会社に入って飲み会に行かない時も多かったんですけど、どうしても出なきゃいけない時ってあるじゃないですか。そういう時にまずどうするかというと、幹事的な役割がないかを探すんですよ。そうするとノる必要がないんで。

最初、入った日本興業銀行は体育会系の「うぉー」っていうノリを強要するからつらくて、どんどんメンタルやられていきました。盛り上がることもあるんだけど、何かを達成したわけでもない時に無理やり「イェーイ！」ってなるのがものすごい嫌いなんです。

だから、会社とか仲間で、会食で盛り上がったりして、2次会に行こうってなったりするじゃない。これは相手がどんな人であっても、俺は1次会は付き合ったんだから勘弁してよってモードになるんです。帰っちゃうんですよ。

結局、僕は人に左右されたくないんだよなってことに気づいたんですよね。**僕が悪いんだろうなというふうに思ってたんですけど、単純にいい悪いはなくて、僕は人に左右されたくない特質なんだ**と。たまにシンクロすることもあるんだけど、そうでないこともあるじゃん、それでもいいじゃんって、そういう人間関係をすごく大事にしているということです。

でも、人付き合いが悪いのかというと、そういうことでは決してないんです。**テンションの上がるところが人と違うというだけ**なんです。俺が人に合わせられないんじゃなくて、俺はそういう特質なんだ、それでいいんだ、それが自分にとってウェルビーイングなんだって55歳にして、気づいたんですよ。何で気づいたかというと、ウェルビーイングなイベントというのがあって、そのイベントレポートとかを見てて、みんな同じ表情してたり同じポーズとってたり笑顔だったりするんですよ。みんなでイェーイ！みたいな感じでやってるわけです。なんでみんな同じような表情でポーズしてるんだろう、みたいな。で、ああ、みんな合わせてるんだなと。合わせてることが彼ら彼女らにとってのウェルビーイングなんだなみたいなことを感じたんですよね。

それはそれで全然いいですよ。そういうふうに盛り上がる方は盛り上がればいいし、でも俺は違うなと思ってたんですよね。俺にとっては、みんなで最高！って言ってるのは決してウェルビーイングじゃないよなと思ったんです。もちろん、人と分かち合うのはいいし、僕も人と分かち合うんですけど、「イェーイ！　最高！」みたいなノリで分かち合うのは嫌いだっていうことなんです。

だから、僕は他の人に強いてもいかんのですよね。**俺はウェーイ！とかって言ってるけど、ノリを強要するみたいなことを面と向かって強いることはしない**です。それが僕の「フリー、フラット、ファン」のベースなんだと思うんですよ。人間関係において相手からノリを強要されたくないとか、そうすると逃げ出したくなっちゃうっていう生きづらさって、やっぱり周りとの関係値ですよね。

なので、**ダイバーシティ・アンド・インクルージョン、「みんな違ってみんないい」を受け入れる。ノリを強要しない**。ただし、相手がノッてくるんだったら、おそるおそるシンクロさせていくみたいなことをやっていくといいんじゃないかなと思いました。

今日は、ネガティブな俺、それでいいのだ、みたいなお話をさせていただきました。

選ばれるためにはWhyの発信が大事

キーワード　コミュニケーション

2022年11月7日
「発信せよ。」

名古屋のもの作りの歴史ある会社さんの社長の方々に集まってもらって、「アントレプレナーシップ」と「考えて伝える極意」についての講演がありました。

基調講演的に話してほしいというもので、浦野隆好さんという方がご一緒だったんです。この浦野さんがすごい方で、ブラザー工業に元々いらっしゃってPCソフトの自動販売システムを最初に手がけたり、エクシングでJOYSOUNDの企画に携わったり、シリコンバレーに渡られていろんな新規事業を作られてきたりした方。今は電力会社（当時）にいらっしゃるんですけど、その中で新規事業を作った、とにかく新規事業スペシャリストみたいな方なんですね。で、新規事業を作る極意をお話しなさって、すごく勉強になったんです。

腹落ちしたのが、**顧客候補にはバイアス、つまり先入観があるん**だと。だから顧客ニーズって捉えにくい、売れるなと思ってやってみたらなかなかお客さんが集まらなかったりするんだと。本当に、目からウロコだったですね。

実際の例を出していただいたんですけど、ガラケーの時代に電力会社で、携帯メールで広告配信をする事業を始めたそうなんです。便利そうねっていって、リリースした瞬間にユーザーが何万、何十万と集まったんだけれども、広告を配信する広告主企業が全然集まらない。めっちゃ安くしますからみたいに営業しても、ただでも要らないというふうに言われたそうです。すごいニーズはあるのになぜだろうと考えたり、いろいろお客さんに当たってみたりしたそうです。で、結論としては、要するにホットペッパーのリクルートとか、電通とか博報堂みたいな広告代理店とかがやっていれば「そっか、うちも入ってみるかな」って思うけど、電力会社がやる広告事業のクライアントにはならないでしょっていうことだったそうです。

別に電力会社が悪いって話じゃないんです。例えば、電気のメーターを作りましたとかっていうんだったら、電力会社の方がリクルートとかよりいいわけです。なんで電力会社が広告配信をやってるのかというストーリーが明確にならないと、ユーザーとしては広告配信をやりそうな会社に頼んだ方がいいんじゃないかと思うということなんです。

つまり、「電力会社のほうから来ました」って言って、電気メーターとか売りつけようとする業者がいるとしたら、それはバイアスを利用しているんですよね。「電力会社のほう」って言っているから「方面」でしかないんだけど、「電力会社の作る電気メーターだったら安心ね」みたいな感じで勘違いして買う。だから**バイアスをしっかりと認識することは大事**よねということをお話しなさってて、これ、誠にそうだなと思った次第です。

ユーザーはプロダクツだけを見てるわけではなくて、結局その背景というか、Ｗｈｙ、「なぜあなたがそれを？」ということを見ている。これはまさに、僕が大好きなサイモン・シネックの「Start with Why」ですよ。Ｗｈｙ、Ｈｏｗ、Ｗｈａｔと言った時に、Ｗｈｙは一番抽象的で一番奥にあると。僕らの目につくのはＷｈａｔとかＨｏｗなんですよ。だからそのプロダクツのスペックはＷｈａｔで、それがいかにイケてるかはＨｏｗなんですよね。だけど、「それを何でやってるのか？」というＷｈｙが大事なんだと、サイモン・シネックが言っているわけです。

Ｗｈｙがよくわからないとプロダクツをそもそも買わない。だからＷｈａｔ、Ｈｏｗがどんなであるかという前にＷｈｙを語ろうねということです。Ｗｈｙが明確だとプロダクツもそういう方向に行くからイケてる製品になっていくことにつながるということだったんですよね。

ここで言いたいのは、フリーランスや、スタートアップを立ち上げてるような、個として仕事してる人や、俺はこういうことやりたいって思ってやってる人は、何で仕事をいただけるのか。それで仕事をいただければ、またそれが次の仕事につながっていくのか。

僕も、「なんで伊藤羊一に頼むのか」が見えてるから、多くの人に頼んでいただけるんだと思うんです。Ｗｈｙを語っているから、「伊藤羊一さんにお願いしよう」ってことでまた頼んでいただけるわけです。

「羊一さん、ウェブでめっちゃ見ます。大活躍ですね」とか言われるんだけど、俺より活躍してる人はめちゃくちゃいっぱいいる。でも俺は、ウェブで取り上げられる回数はめちゃめちゃ多いよなと。そういうアプローチの仕方をしてるわけで、僕は皆さんをインスパイアしてエンカレッジしていくことを仕事にしてるわけです。だから、僕より活躍している人はいっぱいいるんだけど、徐々に僕がメディアに出る回数は多くなっているということなんですよね。

これはやっぱり、自分が発信しているんですよ。俺はこう考えているというのを、ツイッター（X）とかフェイスブックで言っているということです。

僕が最初に雑誌とかウェブとかで記事に出たのは、確か15年前ぐらいなんですよね。プラスの物流部長に話が聞きたいってリクエストがあって、言われるがまま出ました。だけど、それは別につながらなかった。結局、ツイッターとかフェイスブックで「こんなことを考えてやってる」と言って取り上げてもらってたわけですよ。

だから最初は、メディアとかじゃなくて、ツイッターとかフェイスブック経由で僕は発信してた。あと、グロービスで何かいろいろやってたのを取り上げてもらったり、そこからメディアに取り上げられたのが始まりです。

発信し続けたから取り上げられたってことがあるわけです。それがなかったら多分こんなに出てない。出る必要なければ出ないでいいのよ。僕は、本当は別に出たくないよね。なんだけど発信して広めていくことを必要と思うから出ているってことね。

名前で仕事したい人は、とにかく発信してＷｈｙを明確にすること。そうすると、自分自身の言っていることがブラッシュアップされるし、相手からも「この人だよね！」っていうふうに思ってもらえる。そこを繰り返すしかないですよ。

発信しなければ、気づいてもらえない。当たり前なんだけど、待ってても何も生まれないということ。

自分のプロダクツをＰＲしていく時に、ＰＲすると同時にＷｈｙを発信する。アピールするというのは、めっちゃ恥ずかしいかもしれないけどそれを仕事にしていきたいんだったらしよう。

自分の思ってること、やりたいことをガンガン発信していきましょう。そこから始まります。

人付き合いでモヤったらまず言語化してみよう

キーワード　働き方、コミュニケーション

2021年12月12日
「人間関係で我慢しないために、人には勧めませんが僕はこんなです」

今日はハッシュタグ企画で「#我慢に代わる私の選択肢」ということで、お話しさせていただければと思います。

僕は昔、とにかく我慢をしすぎる人間だったんです。それが美徳と思ってたところもあって。大人になってからも、正直に自分の気持ちを話すみたいなことをできずに過ごすことが多かったんです。でもね、それが変わりましたね。明確に変わったんですよ。引き続き、社会生活を営めないから我慢はしてるんだけど、違和感を大事にするようになったっていうか。

具体的な何をやっているかというと、違和感を感じた時に「なんか俺今、違和感を感じているな」「何に感じてるかっていうと、我慢してることに違和感を感じるんだ」「それは、この企画を進めようとすることとか、この人のこの言動はおかしいと思うこととか、仕事の上でつらいことだ」なんてふうに、モヤることを言語化してます。

毎日毎日、いろんな感情ってあるわけで、「私はこう思う。なぜならばこういうことだからだ。何でそう思ったのかと、多分、こういうふうにするとこうなるから。だからこういうふうにするといいんだよな」みたいに、毎日振り返って気づきを得ることをやってます。**頭の中にあるだけだと、モヤモヤしている正体がよくわからないんですよね。だから言語化することを意識してやっています。**

言葉にしてみただけで楽になった、みたいに自分で解決しちゃうこともあるんだけど、それでも言葉にしてみたら、やっぱり特定の誰かに対する違和感とか、特定の仕事に対する違和感が残ったりすることがあるんです。ここでギュッと口をつぐむか、伝えるかっていうところで、1番目の選択肢として、不愉快だけど飲み込むことはあります、僕も。そして2番目の選択肢として、その人に正直に「今、違和感あるんです」っていうことを伝えたりします。

3番目の選択肢として、「その人の存在をなかったことにしちゃう」ってことをすることもあります。これ、人にはおすすめできないですけど、その人と急にもう話さなくなったりする。あと、話すけど、心ここにあらずで話したりするということです。我慢して話すのではなくて、その人と完全に表面的な話をしたり付き合いをしたりするんですよね。

我慢すると心をなくしていくから、ストレートに言った方がいいよっていうアドバイスがあったりするし、それはそれでその通りだと思うんです。ただ、付き合いをやめるってこともいいんです。そうじゃなく、**付き合うし話をするんだけど、一切心を通わせずに表面的だけで話をするという技を覚えますと、もう波風も全く立たない**んですよね。自分の心の中に侵入させると気に入らないんで、表面的なところで壁を作って、心を全く通わせないみたいなことが結構トレーニングで身に付いちゃったりしたんですよね。だって自分勝手に生きたいじゃん。かなり自分勝手なんですけど、そんな生き方をしたりもしますので、ご参考までに。

心を閉ざして人と付き合うってことを、僕、やるんですよね。これは全然我慢する感覚はないどころか、すごいわかりやすく言えば、話しながらスマホいじっているようなもんです。人に対してものすごい冷たいっていうか、そういう態度を僕は相手にわからないような形で取ることってあるんです。これ聞いた友達をなくすかもしれないんだけど。

本当に自分勝手に生きるって、そういうことなんだと思うんですよね。だって正直に伝えてさ、何か反撃とか食らったら面倒くさいんだよね。付き合うのを簡単にやめられるんだったらいいんだけど、そうすると何かいろいろあるんだったらさ、もう心閉ざして付き合った方が楽だよねっていう感じがあって。

これでね、「この人やばい」って思われても、それはそれで僕の正体なんでね。無であるみたいなそういう状態を作るのが得意ですという、なんの参考にもならない、そんな話をさせていただきました。

皆さんなりの解決策ってあると思うんで、ぜひぜひ皆さんがフィットするような手法手段を使ってちゃんと自分勝手に生きていくことをされたらいいんじゃないかなって思います。そうするとね、人のこと嫌いにならないんですよね。

好きな人か、好きでも嫌いでもない人しかいなくなるという、メリットはあります。無になるんですね。

自分の中で無になるっていう感覚は悪いことではないのかなと思いますので、ご紹介してご参考になればなって思っております。

リモートワークがうまくいく会社といかない会社の違い

2020年10月31日
「リモートワークで生産性をあげるたったひとつのコツ」

キーワード　コミュニケーション、1 on 1、日々の業務

昨日イベントに出た時に、マネジメントについて1 on 1が大事という話をしました。引き続きその話をしたいと思います（2020年10月30日「昨日イベントに出たのさ。」 https://voicy.jp/channel/1262/105469)

今日はね、**コロナパンデミックでリモートワークをどんどんやらなきゃいけなくなった中で、1 on 1がとても効いている**という話です。

ヤフーでは「オンラインに引っ越します」という新聞広告を出して、リモートワークを無制限にするということを2020年10月から始めました。働き方に関しての非常にでかい変革なんですけども、これは大きく2つありまして、一つはリモートワークです。月に5日の制限があったのが無制限になりました。オフィスで働きたい人はオフィスで働けばいいいし、おうちで

働きたいとかどこか別の場所で働きたいならどこでもいいですよということになりまして。

もう一つは、フレックスタイムです。もともとコアタイムというのがあって、10時から15時までは一緒に働きましょうねっていう時間帯の制約があったんですけども、もはやリモートワークなんでコアタイムを作る必要はないよねということで撤廃になりました。ですので、朝から働く人がいれば昼から働く人もいてバラバラになるということですね。

最初はコロナによる自粛ということだったんですけれど、10月からは制度としてそういう形になりました。

なんでそれをやるかというと、今以上に生産性を上げるためです。アンケートを取ってみますと、**今も95％ぐらいの社員がテレワーク、リモートワークをしてるんですけれども、92・5％の社員が効率が上がったか変わらないって言っているん**ですね（2020年10月時点）。もちろん、7・5％の効率が下がった社員に聞いてみますと、ネット回線が弱いとか家が働くに適してないとか、お子さんの関係とかいろいろあるんですけども、これは物理的に改善していけば変えられるものが多いなと。

なんせ移動がなくなって、時間の余裕が生まれたとか、あと家族との時間が増えたということでプラスアルファのことが増えてたりするんです。だから、リモートワークにどんどんどんどんみんなの気持ちが移ってきているということですね。でね、今後どの程度の出勤がベストかと聞いてみますと、週1日から2日、または週0日がほとんどなんですね。

でもそれって、他の会社も同じだよなと思って見まわしてみると、リモートワークの会社もあれば、それから対面も含めハイブリッドになってる会社もあれば、全部対面に戻している会社もあるかと思うんですね。これはもう、会社それぞれでいいんだと思います。意思をもってそういうふうにやっているならいいと思うんです。

世間ではどのように見てるかっていうと、２０２０年7月時点でのマイナビニュースで出てたんですが、経営幹部クラスの半数がテレワークにメリットを感じないと回答していると。半分ですよ。そうかあと思って、同じ月のレノボの調査で見たんですけども、在宅勤務は生産性ダウンと感じる人が調査の中の40％を占めたということです。40～50％の人は生産性ダウンとか、テレワークにメリットを感じないというふうに言ってるんですね。

これはまず、準備が整ってない。コロナによる在宅勤務が始まった時にどれぐらいＩＴ機器にお金を出してますかという調査があるんですけど、日本はアメリカとかドイツとかイタリアとかのざっくりで3分の1ぐらいの金額しか出してないんですね。そもそも対応が消極的なんですよ。やってないのにメリット感じないって言ってるということですね。

さっき、在宅勤務は生産性ダウンって感じる人が日本では40％と申し上げたんですけど、アメリカ11％、ドイツ11％、メキシコ、ブラジルは10％みたいなことでした。要するに、アメリカとかドイツは日本の4分の1ぐらいの人しか生産性ダウンって感じていないんですよね。

コミュニケーションが日本だけ違いますか？ということなんですよね。やらず嫌いっていうのもありますし、コミュニケーションのスタイルが何かおかしいんじゃないかということが見えてくるわけです。

あと、やっぱり**日本のビジネスにおいては生産性ってあまり気にしない**。だから、「生産性が下がろうが上がろうが対面なんだよ、世の中は」みたいな、そんなふうに過去の常識をそのまま守っちゃうこともあるのかなと思うんですね。ただ一方で、「オンラインと対面とはコミュニケーションのしかたが違うよね、だから慣れるのに時間がかかるね」っていうのもわかるわけです。

今ヤフーはどうかというと、私のヤフーアカデミアのチームはほぼ100％オンラインで仕事してます。何の困ったことも起きないんですよね。でも、オンラインコミュニケーションで調べてみると、他の会社ではやっぱり同僚とのコミュニケーションで差し障りを感じるって方がいらっしゃる、これは上位に来るわけですね。何が違うんだろうなっていうふうに考えてみます。

コミュニケーションを、全体のコミュニケーション、そして雑談のコミュニケーション、それから個別のコミュニケーションというふうに分けて考えてみます。

全体のコミュニケーションは、モチベーション上げるためのコミュニケーション。みんな集まってイエーイってやるそういう会は、当然対面の方が盛り上がるんですけど、そうじゃなかったらオンラインでも全然困らないんですよね。

雑談のコミュニケーション、これはオンラインだとやりにくいですが、実際にランチ会とかお茶会とかをオンラインでやってみますと、結構みんな集まってくるし、やったら楽しいねという感じですぐ、これで雑談できるねってなるわけです。Just do it ですね。

でも一番大きな理由は3つ目の個別のコミュニケーション。ヤフーのようなオンラインに慣れている会社と、オンラインはやっぱりいまいちだよという会社さんで何が違うかというと、おそらく3つ目の**個別のコミュニケーションをちゃんとやっているかやっていないか**という差があるんじゃないかなって。

ヤフーでは、1 on 1のコミュニケーションをしっかりやることによって、いろんな会話をする。マネージャーとメンバーが意思疎通を行うということをやってるわけです。ここを、リモートワークでコミュニケーションが足りない会社さんはちゃんとやってるのかなっていうふうに思うわけですね。

だから改めて1 on 1ミーティングをおすすめしたいなと思います。

『1分で話せ』を振り返る

キーワード
働き方、コミュニケーション、話す力

2022年7月18日
「『1分で話せ』に込めた、みんなの笑顔への想い」

自分自身には、ビジネス書作家という意識はないんです。「仕事が主、本が従」という序列があって、だから僕は「ふくぎょうしてます」ってよく言うんですけど、この「ふく」はマルチの「複」じゃなくサブの「副」だと考えています。何でかというと、本を書くことを仕事として独立させていないからです。僕は自分の経験したことを構造化して、わかりやすく嚙み砕いて本にしています。だからテーマを決めて、ある程度調査もして語るというテーマありきのスタイルではなくて、自分の人生とか自分の経験ありきなんですよね。

自分はこうした形で振り返りと気づきというサイクルを回してるよ、という『1行書くだけ日記』、なかなか踏み出せない人が踏み出すための『0秒で動け』。リーダーシップとマネジメントについてやってきたことをまとめてみた『FREE, FLAT, FUN』であったり。『やりたいことなんて、なくていい。』はキャリアについてなんですよね。そして『ブレイクセルフ』は、ある意味自分語りなんだけど、自分の経験を基にしながら、多くの方が悩む「生き方」を題材にしています。

でね、『1分で話せ』は自分がプレゼンしてきたこと。

少人数に対してプレゼンしたことはいくらでもありますけれども、多人数に対しては孫正義さんの前で5、6回、ソフトバンクアカデミアでプレゼンしたことがでかいですね。

あと2014年、「KDDI ∞ Labo」(KDDIムゲンラボ)というアクセラレータープログラムの記者発表会で、渋谷ヒカリエのホールで数百名の方を前にプレゼンしたことがありました。

僕がサポートを始めた2014年頃アクセラレータープログラムはKDDIムゲンラボぐらいしかなかった。その次にIBMの「BlueHub」、MUFGの「MUFG Digitalアクセラレータ」が生まれたんですよね。それで、プレゼン指導をやったら評判になって。累計で20個ぐらいのプログラムで指導したんじゃないかな。その蓄積もあって、2018年、SBクリエイティブの売れっ子編集者の方と出会いまして『1分で話せ』を書いたんです。

これ、何で売れたのか、僕にはわからないんですよね。タイトルがいいというのはありますよ。内容が世の中のニーズに合っていたというのもあるかもしれないし、そもそも内容が素晴らしいというのもひょっとしたらあるかもしれない。いろんなことの複合技なんですけど、とにかく売れたんですよ。

最初は全然売れなかったです。今、売れる本って、予約段階でSNSとかでバーンとPRして、予約ランキングで1位をドーンと取ってその余韻でガーッと売っていきますよね。ところが僕の本は演歌みたいで、後からじわじわ売れていったんですよ。

最初は全然書店に並ばなかった。絶対売れてほしいと思って、いろんなことをしました。

例えば友達に、書店に並んでる写真を送ってくれ、SNSでシェアしてくれと言った。書店に並んでいなかったらSNSでは一切言わずに僕にこっそり情報を教えてくれって。その情報をSBクリエイティブに送り続けたんです。それから講演会でも都度、宣伝してね。そんなこんなで、発売から1か月ぐらいしてから少しずつ動きが出てきました。

その段階で編集者に新聞広告できないですかって聞いたら、営業の方が渋ってるみたいな感じで、お金を自分で出して日経新聞に最初の新聞広告を出してもらったんです。その時にコメントをいただいたのが、人事界隈で有名なピョートル・フェリクス・グジバチさんと、メルカリの会長で今、鹿島アントラーズの社長をなさっている小泉文明さん、それから今、武蔵野EMCで一緒にやっている篠田真貴子さん。出版社もさすがに刺激を受けたみたいで、1か月経たないうちにものすごい広告を出してくれて、それがきっかけで売れたところがあります。

いろんな動きが盛り上がりつつあったところで新聞広告をドーンとやったからバーッと火が

ついて売れたということですね。その直後から、アマゾンのビジネス書ランキングで10週連続1位になり、全国の本屋さんに置かれるようになりました。新人作家が売れるためには、ボーッと待ってても駄目だというのがよくわかりました。今ですね、電子書籍を含めて56万部（当時）です。ミリオンにはまだ程遠いですけども、すごいヒットになりました。僕の本は全部で累計70万部ぐらい（当時）だから、8割がた『1分で話せ』ということですね。

自分の言葉で本を一言一句書くのは本当に大変でね、それでも書き続けている理由は、Voicyと同じです。自分の経験を構造化して、噛み砕いて、みんなに伝えると。20代の僕、相当苦労したんです。**行動した、スキルを鍛えた、マインドを育んだ、サイクルを回すようにした、コミュニケーションをしまくった、人にプレゼンするようになったとか、そういうもろもろを経て今がある**ということですよ。それで、僕はこうしたから参考にしてねってね。

当時は、胃腸がひっくりかえるようなつらさだったけど、ちゃんと頑張れば、誰でも変われるという思いを持ってて、その架け橋にしたいなということです。みんながつらい状況から抜け出せたら。そんなにつらい状況じゃなくても、何か燃えないなとか、活躍してる人を見て羨ましいなとか思っている方が「自分の人生って最高」って思ってくれたらいいなって。ある意味おせっかいですよ。でも人間社会ってさ、人と関わらずに生きてはいけないじゃん。俺の周りがみんな笑顔だったら自分もハッピーよねって思って本を書いてるってことです。

でね、**僕の経験は再現性あると思っています。**僕に才能があったらこんなに苦労してないからね。いろいろチャレンジして努力して考えてやってきた。これは再現性があるし、誰にでもできると思っているんだよね。だからそれを本で証明したい。そんな思いがあるわけです。まぁ、『1分で話せ』をはじめ、他の本もそうなんですけど、あれだけ簡単に具体的に書いていればみんなできるよね。

僕の本はモヤモヤを残さないですよ。一つも残さないのが目標ですね。僕の本を読んでいただくと、みんな、自分の言いたいことをしっかり言える状態になる。それが仕事の成果につながったり、諍(いさか)いが少なくなったりするわけですよ。世界も平和になるよね。

この本は、各国の言葉に翻訳されてもいますけど、少なくとも日本ではこういう形でコミュニケーションをもっとアップデートする必要があると思ってるわけですよ。

『1分で話せ』は、全人類、ちょっと全人類はおおげさにしても日本人全員に、それも大げさなんだけど、これからも普及するよね。本が売れるというよりも、世の中にこの考え方が浸透するようにしたいと思ってます。だから今も『1分で話せ』の内容は、講演でし続けてるんですよね。日本人のコミュニケーション、プレゼンテーション能力が上がって、みんなが言いたいことをしっかり言葉にできる、そんな世の中になればいいなっていつも、今も思ってます。

ファシリテートの極意は「仏、鬼、丸投げ」

キーワード
コミュニケーション、話す力、聞く力

2021年12月20日
「この時代のリーダーに最も大事な、ファシリテーションの極意」

今日はファシリテーションについてお話をしたいと思います。

ファシリテーションの定義は「会議などの場で発言や参加を促したり、意見や話の流れを整理したりしながら合意形成や相互理解をサポートする一連の行動」だそうです。意見を出してみましょうかとかアイスブレイクしてみましょうかと言ったり、議論を整理したり仕切ったりする人がファシリテーター。

リーダーシップという言葉には誤解があって、「ついてこいよ」って感じで人を引っ張っていく感じがあるじゃないですか。でも、リーダーにはいろんな人がいるし、いろんなリードの仕方があるんですよね。現代のフラットな社会においては、一人一人からフラットに想いを引き出す。そして、自分がまとめるのではなく、みんなでまとめていってもらうのをリードできたら一番いいわけじゃない。だから、**リーダーシップにおいて一番大事なスキルは、今は、聞く力とファシリテーション力。**この2つだと僕は思ってます。

僕自身はプレゼンより、ファシリテーションの方が自信があるっていうか、場数踏んでるし、相対的に得意だと実は思ってるんです。

ファシリテーションの極意は4つあります。

1つ目は空気を作ることですね。元カシオペアの神保彰さんという素敵なドラマーが、「ドラマーはしっかりした地面を作るのが役割です」っておっしゃってて、ファシリテーターもそうなんですよね。議論をさばいたりするのはリズムを刻んでるのと同じで、その場の地面というか空気全体を作る役割なんです。

空気にはいろんな作り方があります。僕は昨日、「U18キャリアサミット」という高校生向けにキャリアを考えるイベントのファシリテーターをやったんです。ひかりんちょさんというＪＫのインフルエンサー、修一朗さんという現役大学生のＴｉｋＴｏｋｋｅｒ、葉一(はいち)さんっていう教育系ユーチューバーという方々が話をしてキャリアを考えるイベントだったんです。3人はコンテンツクリエイターでいらっしゃるのでご自身の話をするのは得意なんだけど、パネルに慣れてるわけじゃないのがわかってきたんで、僕がリズムを刻みながら空気を作っていったんです。僕の意見は言わず、相手に聞きながら、承認しながら聞いていく、そして、まとめみたいなのは僕の役割ってことね。こんな感じで、空気を作ろうって意識して、そこに向けていろんな行動をすることが大事です。

2つ目に、会全体の設計とか事前準備が必要になります。この会議は目的がそもそも何かということを考えて、スタートはこうだよね、ゴールはこうなってるといいよね、ということをちゃんと設計することです。流れを準備するってことですね。

これを考える人は多いと思うんですけど、準備はそこにとどまっちゃ駄目で。**それぞれのテーマにおいて流れは4段階あるんです。1番目はテーマの共有。2番に広げて、3番に深めて、4番にキュッと締める。**こういう流れをちゃんとイメージを持って、どんな議論になりそうかを想像していくことが大事です。事前準備の段階で、ある程度具体的な議論をイメージしておけると、実際のその現場現場でのさばきはすごく楽になります。

その上で**3つ目が、現場の瞬発力**です。横浜大学、横浜市立大学、神奈川大学という3大学のビジネスプランコンテストで、僕はファシリテーターではなかったのですが、緊張をほぐす空気を作ろうと思って、突然、「いいですか？　みんな緊張してますね。緊張ほぐすのにどうしたらいいか知ってますか？　手を頭に当てて『こんにちは！　僕、ミッキーです！』っていうふうに言うともう、大抵のことはどうでもよくなるんですよ。みんなでやってみましょう」とか言ってね、みんなでやってみたんです。

そうするとみんなめちゃめちゃ笑顔になるし、場が和み、盛り上がりました。あとU18キャリアサミットにおいては、最初イメージしてた流れとは変えて、見ている方がツイートで質問してくるのに合わせた方がいいなってことで、そういう流れに持っていきました。これも瞬発力ですよね。

あと、**流れにおいて、「広げて深めて締める」についてなんだけど、ここで大事なのは広げるところではたくさん話してもらうこと。だから仏の顔が重要です。何言ってもいいよみたいな感じで、たくさん話してもらう。でも、深めるとか絞って締めていくところでは、鬼になる必要があるんです。**

全然関係ない話を始めたら、「それは別ですね」みたいな感じで、そのテーマに絞り切ることが大事。で、最後の締めるところは、自分で決めないことですね。こういういろんな議論が出ましたけど、どうもこういう意見で皆さん共通ですよね。**これが結論でいいですねって振っていく。丸投げで決めていく。だから「仏、鬼、丸投げ」みたいな感じでさばいていく**ところが必要になります。だから顔を変えていくっていうことですね。

議論って、結論と根拠のピラミッドをみんなで作っていくことなんですよね。まずは皆の異なる意見の中から、共通点を探ることが大事。だけどそれだけじゃ済まないから、対立点も明確にすることですね。で、その対立を解決するためにはこうだよね、みたいな感じで、構造を明確にしたら物事って大抵解決するんですよ。

そして**4つ目は、結論をちゃんと出すこと。ただ、それをファシリテーターが出しちゃいけない。イベントとかで総評を求められたらやりますけど、そうじゃない時はみんなに結論を出してもらうのが鉄則**です。

そのためには何かモヤモヤしてることを全部出してもらう。「う〜ん」っていう顔をしてる人には「○○さん、ご意見ありますか？　これでいいですか？」みたいなことをちゃんと聞いてOKって言わせるってことが大事。**コミットしてもらうことが大事**なんですよね。

あと、それでもあんまり出てこないなと思ったら、最後に一人一人、「この結論に対してどう思われるか出してみてください」「みんなの意見はこうですね」みたいなことをちゃんと言ってコミットしてもらうことが重要になります。

空気、仕込み、さばき、結論、こんな話を今日はいたしました。チャレンジしてみてください。

第3章

いつでも生きざまを乗せる気持ちで話す

人前で話す時に緊張しない極意

キーワード　話す力

2022年11月2日「緊張しない極意（ガチ）」

学生からVoicyフェスの感想を聞いたんです。「大河内薫さんとの話は予想通り盛り上がった」と。一方、青木真也さんとの対談では「羊一さんのすごさっていうのがわかった」って言ってくれてね。「そうか。彼がそう言ってくれるならまあいっか」って、僕が意図していたことが説明していなかったのに伝わっていて、めちゃめちゃ嬉しかったんです。

対談では、緊張しながら自分の試合ができたなという感覚を持ちました。自分と同じフィールドにいる人と対談するのとは、全然緊張感が違うわけです。緊張したけど、僕は僕なりのやり方で試合に向けてコンディションを整えていったのが非常にうまくいったと思います。緊張の中でいい試合をするのは、ピンと張りつめるし、さらにプラスアルファ、いいパフォーマンスにつながると思うんです。

緊張して心臓がバクバクとなると、普通はうまく話せない時のための極意はあります。僕は場数踏んでるから話せちゃうけど、多くの方はそういう時に頭が真っ白になって思う通りのパフォーマンスは出せなかったということがあるので、どうやったらいいかをお話ししたいと思います。

ポイントは3つあります。

1つ目はイメージトレーニングです。

その場がどういう場で、相手はどんな顔をしていて、その中で自分はどんな気分でどんなことを話すとテンションが上がるのかについてイメージを持っておくことが大事なんですよ。そうすると緊張が和らぐんです。もちろん、想像と違うことも起きたりするんですけど、しっかりイメージトレーニングができていれば、それさえもクリアできると思うんです。

Ｖｏｉｃｙフェスでも、青木さんとは事前打ち合わせはないだろうな、ただ始まる前にすっと近づく瞬間はあるだろうから、僕はどう近づいて彼はどういうふうに近づいてくるだろうな、なんてイメージトレーニングをしていました。**情報を仕入れるより、イメージを思い浮かべるのはめちゃめちゃ大事**です。

そして**2つ目は、仮説を立てること**です。

つまり対談だったら、向こうとどういう試合をするのかとか、プレゼンだったら聴衆が何を求めているだろうかとか、仮説を立てることが大事です。仮説は、多少の取っ掛かりの情報は必要だけど、あんまり情報収集をしても駄目で、自分で勝手に考える。この対談をどう作るかみたいなことね。「望んでる人は青木さんのファンであり、僕のファンでありという中で、この「試合」が見たいだろうなと。最初から「試合」をテーマにしようと思っていたんです。彼は格闘技、僕はコミュニケーションっていうところの中で。

そして**3つ目は軸とか仮説に従って情報収集する**ことが大事です。

全然、取っ掛かりもない場合は、何かその人の放送を聞いて、その人の記事とかを闇雲に読んでみるわけなんですけど、それだとなんかすごいファクトに寄っちゃうんですよね。そうじゃなくて、Ｗｈｙが大事ということです。何でそういう主義、思想、信条なんだ?とか、なんでそういうふうに考えるんだ?って。そうするとそれでどうなの?というのがわかりやすいわけです。

そういえば、青木さんがＶｏｉｃｙで、ローキックとか何だとか、技を繰り出す人は駄目なんだっていうことをおっしゃってた……。そういうことだよ!　つまり、素で情報を拾うのも大事だけど、人間って自分の主観でそれを見ることが必要でしょ。主観は何かというと、2番目で言った仮説なんですよ。情報によって仮説が証明されることもあるし、なんだ?っていうことになることもある。別に準備をたくさんする必要はないんですけど、仮説に基づいて情報収集する。で、本番に臨む。そうすると、かなり緊張はなくなるわけです。

要するに、緊張しないために、まずはイメージトレーニングでイメージを固める。それから次に軸を仮説で考える。そして最後に仮説に基づいて情報収集すると、本番で自分なりのストーリーが見えるんです。

講演だったらそれでいいわけです。ただ、対談はその通りにやっちゃ駄目なんです。だって、それって相手に対して失礼じゃないですか。決め付けることになるから。そうじゃなくて、仮説を持っていると、緊張しないでいけるということです。

でね、その3つにプラス1があるとしたら、**現場に立った時にフラットでいく**ことを意識されるといいかなと思います。

対談や講演、会議とかの発表でもそうなんだけど、**相手に対して上からいくとカチンとこられるわけですね。逆に、下からいくとなめられるんです。だから、同じ人間であるとフラットなスタンスでいく。**声の出し方も、上から押さえつけるでもなく、下からおずおずいくんじゃなくてフラットに。その感じは、またいつかどこかで話したいと思います。スタンスにしても、声の出し方にしても、物腰にしても、全部フラットにいくと緊張しないで済むかなと思います。

以上、緊張しない極意でした。

プレゼンを成功に導く3つのテクニック

キーワード　話す力

2021年12月1日「相手に伝わる話し方（テクニカルに意識してること）」

今日は、ハッシュタグ企画「#相手に伝わる話し方」について話をしてみたいと思います。

僕は「プレゼンの名手」とか言われることがあるんですけど、技術的に得意か不得意かというと、そんなに別に得意ではないです。「ええ」とか「あの」とか、結構そういう余計な言葉を言っちゃいますし、喋っている最中に何言っているか、わからなくなることが未だにあります。

澤円さんとご一緒する機会が結構あるんですが、「いやあ、澤さんはやばいね」って思うことがしょっちゅうあります。噺家の方とかアナウンサーの方とか、めちゃくちゃ講演されている方なんて、講演そのものがエンタメになってるじゃないですか。微に入り細を穿（うが）つ、すごく人に伝わる話し方をされていると思うんですよね。

僕は年間300回ぐらい人前でお話しすることがあるんです。武蔵野EMCでもそうだし、講演でもそうだし、そういった**人前で話す時に意識していること**を改めてお話しします。

プレゼンにおいて一番大事なことって何ですか?って聞かれたら「生きざまを見せろよ」という話なんですけど、その話はしないでおきます。「生きざまを見せろよ」というのを話しだすと、テクニックとか関係なく「魂だよ」「今この瞬間にすべて燃やすんだよ」みたいな、完全なる精神論になっちゃうんで。

で、テクニックに関していくつか紹介します。

1つ目は、相手に伝わるピラミッドを作ろうねという話。「結論と根拠のピラミッド」を考えるということです。話の結論と、その結論を導く3つの根拠はどうなの?ということを、パターンとして考えるわけです。

例えば、牛丼の吉野家に行きたいとすれば、その根拠を3つ考えます。「なぜならば、めっちゃうまい」「しかも安い」「かつ、店員さんがすごく笑顔で気持ちよくなる」みたいな。

まずはそういう視点でいいんだけど、相手に伝える時には別の言い方をする。

例えば、「牛丼の吉野家、最高なんです。なぜならば」の後、忙しいサラリーマンに伝える時には「吉野家へ行くと、めっちゃ出てくるのが早いから、すぐ食えるでしょ。早いというのがあるんです」みたいな。

そしてその次に「めちゃめちゃ早く食えるし、かつ安いんです」と。

そうすると「安い」というニュアンスがちょっと変わってきますよね。

「かつ、あなたの会社の横にあるじゃないですか！　これ、めっちゃ便利ですよね」という。

「だから吉野家、いいんですよ」みたいな話になるわけです。

つまり、自分が「吉野家が最高！」と思う理由でひとまずピラミッドを作ったとしても、その後、どう言えば相手も最高と思うかは、相手の事情に合わせて理由を考えるということです。

そうすると自分の言いたいことが消えちゃうのではないかと思われる方がいるかもしれないですけど、結論が消えなきゃいいんですよ。僕は、結論を相手に伝わるように置き換えることを必ずやります。そうすると、なんか、伝わるんですよね。

だって、「別に、店員さんが笑顔だろうがなんだろうが俺には関係ない」っていう人に、「店員さんが笑顔なんですよ」と言ったところで「お、おう……」、みたいな感じじゃないですか。

だから相手に伝わることを考えるのが大事。

つまり、**相手に伝わるピラミッドを考える時は、相手のことをめっちゃ研究することが大事**ということです。

2つ目は話をする時のポイントで、声を「相手に届ける」ことをイメージします。

声を単に発するでもない。それから床に向かってとか天井に向かって話すでもない。だって当然のことながら相手がいるわけじゃないですか。

「例えば300人ぐらいの方がいるリアルの場だったら、どこを向いて話したらいいの？」とよく聞かれるんですけど、全般的に声のシャワーをピヤーッて上から浴びせるみたいなことをやりながら、あとはそこにいる一人一人を向いて声を届けます。

例えば左側を向いて話す時は、「ですよね、お客さん、どう思いますか？」みたいな感じで、左の一番前の列の人に言ってる。で、右の一番後ろの列のお客さんに声を出す時には「ですよねー」って、右の後ろの方に声をプワーって投げる。遠くだったら「ですよねー」っていくわけです。ボールを投げるような感じで声を届けます。

オンラインだったらどうするかというと、例えばＶｏｉｃｙなんか、スマホに向かって喋っているんだけど、「スマホのマイクの先にいるあなたに」というのをイメージしながら、声を届けようとしています。

3つ目は、キャッチフレーズを持っておくこと。意識しておくと精神安定剤にもなるので、ぜひなさるといいと思います。

プレゼンで一番言いたいことを、例えば「簡単、便利で使いやすい」みたいなキャッチフレーズにして、それを必ず最後、あるいは最初と最後に準備しておくと、めちゃめちゃ安心できます。

人間って緊張して何を言ってるかわかんなくなることがあるんですよ。そういう時はもう、何を言ってもドツボにハマって、どんどんわけのわからないことになったりするわけで、そういう時に「簡単、便利で使いやすい」みたいなキーフレーズを、思い切りドラマティックに言って、「ということで、ありがとうございました」みたいな感じで去っていく。

そうすると、人間って大体ね、それまで聞いたことは忘れて「簡単、便利で使いやすいんだ」って、そこだけ聞きとめてくれますから。そういうのがあると、「もういざとなったらそれを最後っ屁で言っておけばいいんだな」って、安心して逆に喋れます。

1つ目に相手に伝わるピラミッド、それから2つ目に声を届ける、それから3つ目にキャッチフレーズを持っておく。

これによって相手に伝わります。

プレゼンの極意「AIDMA」

キーワード　話す力

2022年10月20日「プレゼンの極意☆決定版」

「#プレゼン上手」、「ビジネスの現場はもちろん、家事の分担から買い物など、家庭内まで、的確に伝えて円滑に物事を進める上手なプレゼンとは」というハッシュダグ企画があります。僕は澤円さんと2人で『未来を創るプレゼン』（プレジデント社）という本も出しておりますけれども、そんなわけでプレゼンに関してはちょっと言うこともございます。

以前の僕は、とにかくプレゼンテーションって本当に苦手でした。それで、めちゃめちゃ練習したんですよね。銀行にいた30歳ぐらいの時、国際業務部にいて、海外拠点とか支店長とか部長とか常務とかにプレゼンしなきゃいけないことがよくあったんですが、その都度、何言ってるかわからないとよく言われて「くそ～」と思ったものでした。それで、努力に努力に努力を重ねてちょっと喋れるようになってきた、その極意をお話ししちゃおうかという話です。これ、『1分で話せ』でも同様の内容を語っています。

プレゼンは「AIDMA」（アイドマ）と僕は話しています。これは、消費者が物を見てから購入に至るまでのプロセスを5つに分けたもの、「Attention Interest Desire Memory Action」です。

例えば新しい飲料水が発売された時、人々はどうやって物を買うのかと言えば、まずは「Attention」。「おっ」と言って気づくわけです。続いて「Interest」で、興味関心を持つ。で、興味関心を持った後に「Desire」、つまり「うわっ、欲しい！」「うわっ、これ、最高やん」みたいに思わないとやっぱり人は買わない。そして「Memory」で、「これって『○○の天然水』っていうのね」みたいな感じで覚える。水とかの安い商品はその瞬間に判断して買うことも多いけど、高い商品だったらすぐに買えないじゃないですか。だから覚える。

で、「Action」。購入する、という流れ。この「AIDMA」を覚えておいてほしい。

これってプレゼンも同じ。だって、**プレゼンは、そのプレゼンのビフォーアフターで聞いてる人が動く必要がある**わけですよ。だから「このキャンペーンやりましょう！」「おお！やろうね！」っていうことが必要になるんです。例えば「これにお金出してください」「うん、いいよ、出すよ」と、ビフォーアフターでアクションが変わることが大事なんです。

つまり**プレゼンはマーケティングと同じで相手を動かすこと**なんですね。だから、プレゼンテーションをやるには、「ＡＩＤＭＡ」の5つの極意を目指せばいいんじゃないかとある日、気がついたんです。

まずは「Attention」ですね。一瞬だったら、ワーッとでかい声を出せば大体みんなに聞いてもらえます。でも、それをずっとやるわけにいかないじゃないですか。5分とか10分の間ずっと注目し続けてもらうには、聞き手が迷子になっちゃったらよろしくない。だから、迷子にさせないことが大事で、**聞き手を迷子にさせないための極意としてどうするかというと、「スッキリ簡単にする」ことが大事**であります。Simple and easy to understand ということです。我々って緊張したりするとグダグダと難しく話しちゃうんですよ。だからスッキリ簡単って意識する必要があるわけです。でね、**スッキリ簡単にするためにどうするかというと、とにかく文章は短く、資料の文字も少なくして言いきることが大事**です。でも、言いきるってなかなか難しいでしょう。とっておきの練習方法があります。

「この度は、あなたに、この商品を、購入いただきまして、誠に、ありがとう、ございました」というふうに、言葉ごとに切っていくことをぜひやってみてください。そうすると、グダグダ言うのが疲れるんですよ。何を言ってるのかわからなくなるから、短い文章で切りたくなります。切って喋ると必ず文章を短く言いきれますので、ぜひそれは気にしてみてください。

あと、**中学生でも理解できる簡単な言葉で言うのが大事**なので意識してみてください。

以前、テレビのニュース番組で取材を受けた時、「中学生でもわかるように言い換えてください」って言われたんです。「大人でも結局、何言っているかがわからなくなっちゃって迷子になると、チャンネル変えられちゃうんです。だから中学生でも理解できるような言葉で言ってるんです」って言われて「ああそうか」と思ったんです。

そして「Interest」。これは興味関心を持ってもらうために、結論と根拠があって意味がつながっている話をする。例えば「眠いから布団に入ろう」とか、「儲かるからこのキャンペーンをやろう」というように、**意味がつながっている話をいっぱいつなげればいいわけです。そうすると、聞き手は理解できるし、興味が湧いてくる。**

次は「Desire」。意味がつながっていても正しいだけだと「理解しました。それで?」ってことになっちゃうわけですよ。だから、相手に「うぉ! そういうことか! よっしゃー!」と思わせることが必要ということです。

例えば「この食品の成分は、アミノ酸とナトリウムとマグネシウムです」とか言われたら、「理解した。でもうまいと思わない」となって、「食いてえ!」と思わないわけです。それより、「想像してみてください。この牛丼、めっちゃ腹が減ってる時に、牛丼屋の扉を開けたらですね、もう『うぉー!』っていうあの肉汁のにおい。お腹すいてる時、どうですか? 今、お腹すいているでしょ? あれ、想像してみてください」とか言ったら、「うぉっ、なんかもうお腹すいてきた」となってくるんですよ。

プレゼン資料だと絵とか動画とかでイメージを想像させることが大事です。結論と根拠の下に「例えばこうなんです」と考えれば、たとえ話は割とすぐ出てきます。

次に「Memory」です。5分とか10分とか30分とか話すと、たとえ「うぉー面白れえ」って聞いていても、人は結局、なんだったんだっけ？と忘れちゃいます。だから「明日来るからアスクル」とか「簡単便利で使いやすい」みたいな感じで、**キーワードだけ相手に覚えてもらうことが**、次に大事になります。

そして「Action」。**人を動かすためにどうするかというと、気合と根性です。具体的にどうするのかというと、情熱と自信なんですよ。**情熱的に「ワインはブドウからできてるんです！」とか言うと、「なんかすごいいいかも」って思っちゃうじゃないですか。あと、自信を持って「いいですか？　ワインはブドウからできてるんです！」って言われると、やっぱり人は動かされるじゃないですか。

どうしたら人は情熱的になるかというと、それは口調じゃないんです。「あなたが今、やってる『人に何かしたい』というプレゼンの内容が世界で一番好きですか？」。もし、あなたが世界で一番好きだったら情熱は伝わりますよ。

会社勤めとかをしてると、「この商品をプレゼンしなきゃいけないからプレゼンする」みたいなことがある。それじゃ人は動かないんですよ。そのコンテンツをガチで世界一だと思っていれば、自然に情熱的になるんですよね。

それから**自信はもう場数です。**なんだけど、最初は常に初めてじゃないですか。だから、**徹底的に準備と練習をするんですよ。そうしたらやっぱり人は自信を持ちます。**

僕ね、孫正義さんに最初にプレゼンした時に、３００回練習したんですよね、３００回。もう緊張とかなくなるし、自信を持って「ワインはブドウからできてるんですよ、孫さん」みたいな感じで言えるわけですよ。

最後にもう1個だけ重要なことをお話しします。それは、プレゼンに「生きざまを乗せる」ということです。55年間生きてる中で、この一瞬は僕のすべて、ということです。逆に言うと、55年の人生は今このＶｏｉｃｙを皆さんにお伝えするためにあったわけですよ。これが生きざまなんです。今この瞬間のために僕の人生があったと、毎日毎日思っているんです。僕の生きざまをすべて乗っけてますから、そりゃあ声にエネルギーもこもるよねということです。

生きざまの論議は結局、正解がないし、それをちゃんと他の言葉で定義するのは意味もないので、ぜひ「生きざまを乗せる」というのはどういうことかを考えながら、過ごしていただければと思います。

プレゼンの4つのポイント

キーワード　話す力、日々の業務

2023年1月12日
「素直で謙虚がいいよ」

昨日「MUFG Digitalアクセラレータ」というアクセラレータープログラムのセッションがありました。これは、三菱UFJフィナンシャルグループが、起業家、ベンチャー企業の方々と革新的なビジネスの立ち上げを目指すプログラムです。フィンテックほか、様々なビジネスをやる中で、スタートアップにメンタリングしていって、事業をアクセルをかけて成長させていくプログラムなんですよね。今回第6期で5社参加されてます。

僕は、第1期から主にプレゼンの指導をしています。今回は、中間でプレゼンを見て、最後の発表会（デモデイ）に向けて改めてプレゼン指導をしました。銀行員だった僕が、銀行グループが注力してやっているプログラムをサポートさせていただいています。これ、すごい光栄なことで、可能な限り僕はサポートし続けたいと思ってます。

5チームについて、メンタリングをしてフィードバックしたんですけど、その内容についてVoicyのリスナーの皆さんにわかるように話したいと思います。

8分のプレゼンをどう構成するかは超大事よということです。どこにテンションを持っていくかですね。最後はドーンとエモく言って締める終わり方が基本だと思うんですけど、**8分間のプレゼンだと、山を2つか3つぐらい作るといいんですよね。**2つ山を作る時、一つは最後ですね。もう一つはいつテンションを高く持ってくるかをちゃんと考えようということです。

8分間ずっとテンションが高いと、聞いてる人は飽きちゃうんでね。だから、テンションを低くする部分を作って、高いところを目立たせるということです。それから、**基本、話すスピードはゆっくり、テンションは高くがいいと思うんですけど、速くたたみかけるようにテンション高くというのもあると思うので、そこは自分の設計です。**

大きな声でドーンといくか、ちっちゃな声でいくか。それから、スピーディーにいくかゆっくりいくか。間を空けるか空けないか。この3つ（**声の大きさ、スピード、間合い**）を主に僕は気にしています。それをどこに持ってくるのかを、それぞれのグループに伝えました。

やっぱり、テンションを高くしたところはみんな、聞いてくれるわけです。だから、顧客の課題みたいなところが超大事なら、そこを熱く訴える。あるいは、顧客の課題はもう見えてるならそれをどう解決するのかの部分。それによって、**テンションをどこに持っていくの？とい**

うことはちゃんと考えようねとアドバイスしたのが1点目ですね。

それから、本番はめちゃめちゃでかいホールでやるわけですよ。そういう時に声の出し方って通常と圧倒的に違わないといかんということですね。今回は5人のテーブルに座って話をしていたんです。その時の声の出し方は当然、4、5人向けの声の出し方になるわけです。ところが**ホールで200人、300人いる中で話をするんだと声の出し方を圧倒的に変えなきゃ駄目、それをちゃんと練習してねという話を2点目に申し上げました。**

具体的に言うと、歌舞伎役者とか演劇の現場みたいな感じで、練習してる時は**「こんなにドラマティックに話して、『意識高い系』と思われちゃうかな」ぐらいな感じで話してちょうどいいいんだと**アドバイスしました。人ってついつい普通っぽく喋ろうとしちゃうんですよね。とにかく練習した方がいいよと伝えました。

それから**3点目に、とにかくプレゼン資料における字は大きく、そして文章とか単語とかはめっちゃ短く**と。ボクサーの減量と同じでパッと見てパッと頭に入るように資料を作ろうねという話をしました。とにかく一目で言葉がドンと入るようにしようぜと。

それからもう1点ぐらい挙げるとするならば、**ドヤる時には思いっきり、「自分たちはこうだ！」ってドヤろう**と。

ただ、ドヤるだけだったら相手はついてこないから、「こうドヤった自分があなた方の悩みにお答えします」っていう感じで、「降りてくる」感じでお客さんに寄り添うとよいという話をしました。これはすごく大事なことで、ドヤる要素が全然ないと、結局この人たち、どんな強みがあるのだろうということがわからない。一方、ドヤっているだけだと、嫌になっちゃうじゃないですか。ドヤるのを途中でやめて、「あなたはこういうことを悩んでますよね、それに答えるんです」と降りてくる。そんな感じを見せるといいですね。

あとはね、当たり前なんだけど、練習しようねと。

結局、気づく人はすぐ気づくんですよね。気づかない人は、はいはいと聞きながら気づかないんですよ。気づく人はなぜ気づくかというと、謙虚なんですよね。ドヤって「これは世界で最高のサービスです」という思いはきっとあるんですよ、なんだけど、謙虚なんですよ。それはへりくだっているということではなくて、人のアドバイスからすべてを学んで、めっちゃくちゃ成長するぜという思いが非常に強いわけです。そうすると僕の話とかもめっちゃ「ああそういうことか！」と受け入れるんです。

逆に、「俺は俺のやり方があるから」と思っちゃうと、もう絶対成長しないんですよね。それじゃ何で謙虚に人の言うことを聞けるかっていうと、成し遂げたいことがあるから。成し遂げたいことを成し遂げるためには聞くしかないわ、ということです。

ものすごい大きな志を持ってたりすると、「もうこれ、聞くしかないよね、自分１人じゃできないから」という感じが出てくるわけですよ。だから謙虚であり素直であるということですね。

性格的に自分が唯我独尊だろうがなんだろうがいいんですよ。特にスタートアップなんて、唯我独尊じゃないとなかなかできなかったりすることもあると思うんです。ただ一方で、何かものすごく高い志があって、その高い志を成し遂げるためにはやれること何でもやるぞと思ってると、謙虚で素直になっていくと思うんです。

今日は、プレゼンテーションの極意をお話しすると同時に、やっぱり素直で謙虚っていうのは大事よね、という話をさせていただきました。

フィードバックは「グッド・モット」

キーワード　話すカ、リーダーシップ、マネジメント、1 on 1

2022年8月22日
「今すぐできる！フィードバックの極意」

今日は「伸びるフィードバック」についてお話をします。フィードバックというと「半年に1度、人事評価のフィードバック」みたいに思われる方が多いんですけど、「それは全然違うぜ」ということです。

まず、1対1でコミュニケーションする時の手法は、大きく分けて3種類あるとご認識ください。

1つ目がティーチング、何かを教えるということ。

2つ目はコーチングです。1 on 1でメインになってくるのはコーチング。これは「質問を通じて相手に気づきと成長を促すこと」です。

「今日どうだった？」「どんなところがきつかった？」「そこからの学びは何？」という感じで質問に答えてもらうことによって相手が「そういうことですね。僕、これに気づいちゃいました」となるのがコーチングですね。

そして、３つ目がフィードバックです。

これは「相手に観察結果を伝えることで相手の気づきと成長を促していくこと」です。だから「私にはこういうふうに見えますよ」と伝えていくことが、まずフィードバックでは重要になってきます。

１on１において、ティーチングは必要な時はしますけど、僕は本当にあまりしないです。コーチングとフィードバックが中心です。そしてフィードバックには決まったパターン（型）があります。

よく聞かれるんですよ。「若手社員に厳しいことをフィードバックすると、そっぽを向かれそうで嫌なんです。どうしたらいいですか？」とか「どうやって声かけたらいいんですかね」と。**フィードバックは「グッド・モット」が基本**です。

どういうことかというと**「この点がよかった、こうするともっと良くなる」と伝えるということ**です。

そもそも、半年に1度、評価のフィードバックをやるという話じゃなくて、何か一緒に仕事した時にも観察できることが何かあるものですよね。例えば自分がメンバーの人と一緒に会議に出て、その会議でメンバーが発言をするとか、企画をプレゼンするとか、営業の同行中にメンバーがお取引先に説明をするとか。いろんな機会でいろんなアクションをやっているわけですよ。メールのやり取りとかその他もろもろ、いろんなところで観察できるわけです。観察できることは全部フィードバックの対象です。

フィードバックではまず最初はファクトを伝える。観察結果を伝えます。

「あなたはこういうようなプレゼンしましたよね」と、まず伝えるということです。その上で「グッド・モット」です。

「いい点を伝える」。これが「グッド」です。

「あのプレゼンにおいてこのストーリーで展開したのは、めっちゃよかったよね」という感じで、**グッドポイントを伝える**んです。

「グッドポイントがそんなにない時でも、無理やり見つけた方がいいですか?」と聞かれることがあるんですけど、「この点はいいよ」というのは無理やりでも見つける。必ず見つかります。それでちゃんと言葉にした方がいいと思います。

厳しいことを言う時でも、まずは「これはいいと思うんだよね」と伝えることはとても大事。我々は、そういうことを「わかるよね」ってあんまり言わなかったりするんですけど、言わないと案外伝わらないです。

「あのストーリー、良かったよ」「プレゼンで、ちゃんとハキハキとやってたじゃん！　声の出し方、めっちゃ良かったよ」。こういうふうに伝えていくわけです。

でも、**それだけだとその人は成長しないから改善点を伝える必要があります。これが「モット」です。**

改善点は、「あれは駄目だったね」と言うと、聞いてる方はもう嫌になって耳をふさぎたくなります。どうするかというと、**「この部分をこうすると、もっと良くなると思うんだよね」という形で伝える**といいかなと思います。

「ストーリーはすごい良かったよ。だけどね、締めの部分で最初に言った結論をもう1回繰り返すと、もっと良くなると思うんだよね。だから、次にやる時は最初に結論を言って、最後も結論で締めたらいいと思うんだよね。そうするともっと良くなるよ」

こういう感じで、モットポイントを言うことです。**改善ポイントは「こうするともっと良くなるよ」という言い方をするといい、ということです。**

これはね、僕が誰かから教えられてやり始めた瞬間から、みんながフィードバックをものすごく喜んで聞いてくれるようになったんです。それまで「僕がこれを駄目だって言うのは言いづらいな」とか「相手にむくれられちゃったら嫌だな」とか思っていたんだけど、「こうするともっと良くなるよ」というのは言う方も言いやすいし、聞く方も「もっとフィードバックしてください」となります。

こうしたフィードバックとコーチングを組み合わせながら1 on 1をしていくのは非常にいいと思います。

フィードバックは「グッド・モット」。観察結果について「あの時、こういうことだったよね。あの点はすごい良かったよ。こうするともっと良くなるよ」。これがフィードバックです。「あれは駄目だよね」と言わないで「こうするともっと良くなるよ」と言えばいいわけで、そうするだけで自分も言いやすいし、相手も聞きやすい。このフィードバックをぜひ心がけてみてください。

今日は、伸びるフィードバックについてお話をさせていただきました。フィードバックは「グッド・モット」。これね、めっちゃ感謝される自信がありますから、ぜひやってみてください。

生きざまを乗せて話そう

2021年9月30日
「生き様のせるってことが何か、わかった。」

キーワード　話す力、マインド

「皆さん、ごきげんよう。ソフトバンクアカデミアで孫正義さんを唸らせたプレゼンター、伊藤羊一です」

今日は、プレゼンの話をするわけじゃなくて、プレゼンに関していろんな言ってることがあって、そんな話をちょっとしようと思いまして、こんな自己紹介をしてみたんですけど。

プレゼンについてレクチャーすることが年間100回ぐらいあるんですよね。いろんなとこでプレゼンのレクチャーをしています。大企業のビジネスパーソン、ベンチャー企業の社長、学生へのプレゼンの講義であったり、プレゼンを実際にやってもらってそれをチェックするということをしています。

でね、その時に、本当によく聞かれる質問は「プレゼンで一番大事なことはなんですか？」

です。「全部大事だよ」と言いたいんだけど、その都度、僕は答えています。

プレゼンで一番大事なこと。これはね、ごまかしてるわけでもなくて、一番大事なことは何かって問われたら「生きざまを見せる」ことだと言っています。何を言っているか、わからないでしょ？

でも、僕はこれを本気でそうだと思っていて、何年も言い続けているんだけど、「生きざまを見せる」とはどういうことか、それ以上の言語化ってわからなかった。だから「生きざまを見せろってどういうことですか？」って言われたら「そんなものは自分で考えろ」とかって言っていたんですけど、最近気づいちゃったんです。

どこかで喋りながら、「今、僕は皆さんの前で話をしているんだけど、これは生きざまを見せてるんだ。生きざまを見せるというのはどういうことかというと、要するに伊藤羊一が仕事を受けてこの話をしてるんだけど、僕自身はそんなつもりじゃなく、この仕事をやることが僕の人生なんだ、と思う。これが生きざまになるんだ」だと。

そういうふうに考えると生きざまが乗るということだなと思ったわけです。これは自分の中でかなり明確な定義です。

生きざまを乗せるというのは、この瞬間が僕の人生であり、この瞬間のために生きてきたと感じながらやること。

例えば、今日のVoicyをやっていることが僕の人生なんですよ、つまり僕の54年間（当時）の人生は、２０２１年9月30日のＶｏｉｃｙの放送のためにあったんだと思いながらやる。1年の中の1日のＶｏｉｃｙが今です、じゃなくてね。僕は生きてる中のいろんなもののそのワンオブゼムに過ぎませんだったら、こんな迫力が出ないんですよね。

俺の中ではめちゃめちゃ迫力に満ちているわけよ。この放送にしても。

これだけ聞くと、ドン引きするのもわからないでもないんだけど、結局そういうことだと思うんです。今、この瞬間はそうなんだけど、終わって次にメールに返信する時には、メールに返信することが俺の人生だし、そのために俺は54年間生きてきたって、こういうことなんだと思うんですよ。

自分が生きざまを込めるというのは、こういうことだと思っていて。

今日この瞬間が、僕の人生ですっていうことですね。すごく大事なことだと思っています。

それからちょっと別の観点で言えば、**今日が残りの人生の最初の1日であり、最初の瞬間なんですよ**。今まで54年間生きてきて、やれてきたこと、やれていないこともいろいろあるけど、別にそれって終わっちゃってる話だから。そんなの関係ないよね。

だから今日この瞬間の俺の思いに従って生きるし、明日はこういうふうにやろうって生きる。そこの未来に対してどういう絵を描いて、どういうことをやっていくかは、今、この瞬間の俺が決めていくことだと思うんです。俺ら、自由よねということだと思うんです。やりたいことをやればいいよね。

今日はね、何かちょっと哲学的な話をしたような気もします。俺は生きざまをプレゼンに乗せていくんだよ、ということを無造作に言い続けてきたんだけど、やっとわかったよ。この瞬間が俺の人生なんだということをぜひ意識しながら生きていきたいと思います。

喋ってて汗出てきたわ。すいません。なんか暑苦しくてね。でも、本気で思うんで、心の叫びを聞いていただいてありがとうございます。

マネージャー初心者は気負わずメンバーに本音を伝える

2022年4月11日
「初めてマネジメントを経験するあなたへ」

キーワード
話す力、リーダーシップ、マネジメント

今日は初めてのマネジメント経験ということで、この春からマネジメントを始める人がつまずきがちなことについてお話をしたいと思います。

手前味噌になりますけど、僕の書いた『FREE, FLAT, FUN』は、題名だけを見るとマネジメントとかリーダーシップと自己啓発本みたいに思うかもしれないですけど、圧倒的にマネジメントとかリーダーシップの本です。歴史的名著だと僕は思っていて、初めてマネージャーになった時に読むべき本だと思っています。

初めに申し上げておくと、**マネージャーになることは職階や給料が上がることとセットになっていたりするので、「偉くなった」と勘違いしちゃう方が多いと思うんですけど、まずその考え方を捨てた方がいい**ということです。**マネージャーとは単にマネジメントという機能を果た**

す人なんです。偉くなったわけではなく、マネジメントという機能を果たす役に指名されたということで、その機能を果たそうとまず思うのが何より大事ってことね。

マネージャーを一言で言うと、「チームをゴールに導くために、やれることを全部やって何とかする人」です。「マネージ」という言葉には「管理する」以外に、「何とかする」っていう意味もあるんですよ。やり方は、その時々、相手とかチームの状態によっていろいろ違うということです。

自分たちの共通のゴールは何かということを、チームメンバー一人一人に共有することが大事です。チームがゴールに向かうのは、結構ハードな道のりなわけで、そこを導いていくのもマネージャー（リーダー）の役割です。

それからチームに対する働きかけも必要で、チームのパフォーマンスが最大化されていれば、そのチームは当然、非常に強いわけです。

ゴールを共有する。チームを導く。チームの力を最大化する。

チームの力を最大化するための働きかけには2つの方法があって、一つは心理的安全性が高い環境を作ること。来たくなる、言いたいことを言い合える環境を作るということです。そしてもう一つは、環境を作った上でチーム一人一人の才能と情熱を解き放つことです。

よく勘違いされるのが、業務のことをよく知らなければマネージャーはできないんじゃないかということ。もちろん、知ってる方がいいんですよ。ただ、知らないからってマネジメントできないってことは全然ないから、それだけを気にする必要はない。それから、マネジメントって聞くと管理するというイメージが湧きやすいから、部下の出退勤とか評価とかそんなことばっかりチェックする仕事って勘違いする方がいらっしゃるかもしれない。でも、それは仕事のほんの一部です。マネージャーはあくまで、チームがゴールを達成するためにやれることを全部やる、何とかすることが大事なんです。

チームはあくまで、一人一人の集合体なんです。だから一人一人の状況をよく知ってサポートしていくことが重要。そこで大事なのが、話を聞くことですね。聞いて、よく知って、サポートすることに尽きます。

マネージャーには、1対N人の働きかけが当然のことながら必要です。

例えば全体会議とかです。でも、それより大事なのは、1対1の働きかけをN人分することです。1対N人をやりながら、1対1の時間をめちゃめちゃ取ることが大事です。

『ヤフーの1 on 1――部下を成長させるコミュニケーションの技法』（本間浩輔著、ダイヤモンド社）という本が7、8年前に出て、今や1 on 1という言葉は一般的になっています。

メンバーに、どんなことに興味があり、今どんな仕事をしていて、仕事のどこに難しさを感じていて、どこにやりがいを感じ、先々どんな仕事でやっていきたいか。さらに話してくれるなら、プライベートでどんなことに課題を抱えているか、職場で仲いい人やよくない人、マネージャーに期待することとか、いろいろ話してもらうことです。

中には「部下がなかなか喋ってくれないですよ」という人もいるかもしれません。だったら、たくさん喋ってもらえる関係をまずは作る。その上で1 on 1ミーティングをやる。これは定期的にやるといいと思いますよ。

「別に喋ることないです」と言う方がいるかもしれないですけど、それでも最初はめげないことです。あんまり喋りたくないって言う人に無理やり聞こうとしても駄目なことがありますよね。でも結局、聞かないと仲良くなれないじゃん。だから、どうにかして仲良くなるために話を聞けるような環境作りをする。でも、あんまり無理はしないでね。

そうしてメンバーのことをよく知り、その人が才能と情熱を解き放って目標に向かっていけるように、チームの中で生き生きと仕事ができるようなサポートをすることが大事です。

マネージャーって大変なんですよね。「これやってください」って命令して簡単に従ってくれるんだったら苦労しないんだけど、現実にはそうはいかない。だから、一人一人への接し方を変えなきゃいけなくて、そういうことをやるといいと思うんだよね。結構大変なんだけど。

でも、それってマネージャーだからというより、人間社会そのものが大変ってことなんですよね。**相手がどんなことを考え、何を課題だと思ってて、どんなことが好きかということを知るのは、会社だけでなく人間社会において大事。**その上で、それに対して対応することが社会でも必要なわけじゃないですか。だからあまり気負わず、一人一人の考えていることを知って、サポートしていく。結果、チームをゴールに導いていくのがマネージャーの仕事でっせということです。

初めてのキックオフとかでかっこいいことを言おうとしても、飾りものというか、作りもののスピーチになったりするじゃないですか。そんな言葉より、**「俺も初めてのマネージャーで、どうしていいかわからないよ。みんな助けてくれよ。ただ俺は、一人一人から話を聞きたいし、皆をよく知ってその上でサポートしていきたいと思うんだ。その結果、チーム一体になってゴールを目指したいんだよね。だから、いろいろ話を聞かせてください」って言えばいい**と思うんですよね。

きれいな戦略とかかっこいい言い方なんて必要ないから、とにかくメンバーのことを考えながら、その人をサポートするという姿勢を3か月もやれば、必ずみんなに伝わると思います。最初はそうは言っても慣れない部分があると思うんですけど、頑張ってやってみてください。

誰とでもフラットに話すには

キーワード
コミュニケーション、話す力

2022年11月22日
「フラットな生き方をしたいね」

先日、2023年2月に開かれました、僕の大好きなユニポスさんが主催するイベント「ユニポスサミット」(https://event.unipos.me/unipos-summit/2023-jan/)の収録に行ってきました。僕はエイジ・ダイバーシティというテーマで、パネルディスカッションに参加してきました。モデレーターが浜田敬子さん。女性活躍推進では様々なところで登壇されていて、イベントでご一緒することが多いんですよね。それから、野菜の配送、サブスクモデルの「食べチョク」の代表である秋元里奈さん。秋元さんには、創業して1年経たないぐらいの時にスタートアップのアクセラレータープログラムでプレゼンを指導したことがありました。それからもう1人のメインパネラーが、なんと柔道の井上康生さんですね。いわゆる大物有名人の方ですよ。井上さん、画面越しでもわかるようにすごい謙虚で真面目な方でね、でも冗談もおっしゃる方

で、すごく楽しんでいろんなテーマにつき、お話をさせていただきました。

ダイバーシティをディスカッションするということで柔道界、スタートアップ界、教育界、ジャーナリストから、男女も2：2、世代も離れている3人のパネラーとモデレーターで、非常に面白い議論ができたかなと思ってます。

議論をモデレートするのは浜田敬子さんなんですけど、僕もそういう意味でいうと浜田さんに近い立ち位置として、議論をさばくことも多いので、康生さんと秋元さんの違いをギュッギュッと引き寄せるみたいな、そんな役割でパネラーだけどモデレーター補助みたいな感じで参加させていただきました。


最近、いわゆる芸能人とかアスリートとか、「有名な方」とお話をする機会が増えています。昔は有名人と話をするどころか、同じ空間にいるだけでびびってたんですけど、ここ数年で相当気にならなくなったというか、有名人であるとかないとか関係ないと思うようになりました。これは僕自身の経験ですが、皆さんに共有できることもあるんじゃないかなと思って、お話しするわけです。

僕はいつも「フラットであれ」と思ってるわけです。だからフラットに考えると、「テレビに出るという特性を持ってる誰々さん」はすげえ人だと思うんだけど、俺もきっとすげえところがあるし、その人も俺もすごくないところもあるし、同じじゃん、と思うわけです。

とはいえ、ドキドキしちゃうのはわかります。「あの人はこの成果を出してるけど、俺には何もない」みたいなこともあるわけなんです。**人と比べて自分が人に誇れる成果がない場合、どうするかというと、今この瞬間、頑張ってますので必ず成果出しますということになれば、条件は対等になるわけです。**

青木真也さんは毎日本気で、全存在をかけて試合をしている。そして格闘技にみんな熱中するから、成果を出されている青木さんは有名になるわけですよ。井上康生さんも柔道という世界でずっと存在をかけて試合してきて、金メダルを取って代表監督としても結果を残された。一方、僕自身はまだ、みんなが「うおー」って思う成果は出してないけど、本気で存在をかけて毎日毎日試合するつもりで生きてるかというと、青木真也さんにも負けないし井上康生さんにも負けないと思ってる。それがある限り負けないのよ。名前負けしないっていうか、対等にフラットに話せるということになるわけですね。**俺も本気で生きてるから「本気な俺たち」っていうことで話せるわ、と思えるわけですよ。そしたらびびらなくなるんですよ。**

「今日が人生最後の日だったら」って、スティーブ・ジョブズはスタンフォードの卒業式で言いましたが、その思いを持って生きるようになったんです。毎日毎日、鏡を見ながら今日が人生最後の日だったらどうすると。今日が人生最後の日だとして、今日やることが最後の日にふさわしくないということが毎日毎日続くんだったら、もう変えた方がいいよと。それはそうだよな、スティーブ・ジョブズが言ってたのは本当にそうなんだろうな、僕もそういうふうに頑張って言ってるけど、そこまで今日最後の日だったらこれか?みたいな感じで問い詰められてないな、と思っていました。

でも1年前ぐらいから毎日本気だろう、ガチだろう、最後の日だったらこうだろう、みたいなことを言えるようになるぐらいには、存在かけて毎日試合をするようになってたわけです。

そうやって生きていると、いろいろ大変なんですよ。本当にしんどい時もあるんだけど、そういう時もあるよねって思って、乗り越えるべ!と思って生きられるわけです。それが自分の自信につながっていくということなのかなと思います。

やっぱり一日一日、本気で存在かけて生きてるか自分に問いたいし、みんなには問わないけど、そういう思いは持ってもらえると嬉しいなと思う次第です。

本気で世の中を良くして、本気でみんなと仲良くしたい、明るくしたいなって思う人は、フラットにぜひ話しましょうということです。

議論で合意を導くための7つのポイント

キーワード
話す力、リーダーシップ、マネジメント

２０２１年１月５日
「本質を見極めよう」

総務省主催の若者フォーラムというイベントで、「本質を見極めよう」というテーマでお話しします（２０２１年１月９日開催）。副題が「本質が分かれば差がつく　意見を持てる自分になろう」ということで、裏テーマというか本質をわかってどうするの？というと、選挙にみんな行くようになったらいいよねという、そこを促進するためのイベントです。だから、選挙、政治を意識しながら本質を見極めようってテーマで、話をします。

登壇してくれと言われて、最初はちょっとピンと来なかったんですけど、でも選挙行くようになるために、自分なりの本質を見極めて自分の意見を持つってすごい大事なことだなと。それの助けになればいいかなと思って、準備しているところです。

そこで、今日は、プレゼンをこんなふうに作ってるよという内容をお話しできればと思います。

郵便はがき

料金受取人払郵便

牛込局承認

9026

差出有効期間
2025年8月19日まで
切手はいりません

162-8790

東京都新宿区矢来町114番地
神楽坂高橋ビル5F

株式会社ビジネス社

愛読者係行

ご住所　〒 TEL:　(　)　FAX:　(　)		
フリガナ お名前	年齢	性別 男・女
ご職業	メールアドレスまたはFAX メールまたはFAXによる新刊案内をご希望の方は、ご記入下さい。	
お買い上げ日・書店名 年　月　日　市区町村　書店		

ご購読ありがとうございました。今後の出版企画の参考に
致したいと存じますので、ぜひご意見をお聞かせください。

書籍名

お買い求めの動機

1　書店で見て　　2　新聞広告（紙名　　　　　　　　　）

3　書評・新刊紹介（掲載紙名　　　　　　　　　　　）

4　知人・同僚のすすめ　　5　上司、先生のすすめ　　6　その他

本書の装幀（カバー），デザインなどに関するご感想

1　洒落ていた　　2　めだっていた　　3　タイトルがよい

4　まあまあ　　5　よくない　　6　その他(　　　　　　　　　　)

本書の定価についてご意見をお聞かせください

1　高い　　2　安い　　3　手ごろ　　4　その他(　　　　　　　　　　)

本書についてご意見をお聞かせください

どんな出版をご希望ですか（著者、テーマなど）

まず「本質を見極める」という印象は、頭を使って自分なりの本質を見極めていく、ということなので「頭を使う」のが1つ目の課題とテーマ。そして2つ目は、「それを深めていくこと」についていてですね。深めていく中で自分なりの本質はどんどんどんどん確信につながっていきます。3つ目に、自分なりの本質みたいなものが見えたとして、他の人との共通項は何かと考えながら合意していくことが必要だと思うんです。コンセンサスですね。

ちなみになんですけども、**僕はプレゼンの資料を作る時にはグーグルスライドとかパワポにいきなり作り出すことは絶対にしません。まず、エバーノートとか、「Notion（ノーション）」などのアプリを使い、こういう流れかなってパパパッと文章で書いていくんです。**もちろん具体的な細かい話は当然スライドを作りながら変えていくところもあります。それで、そのメッセージを、1枚1枚、1テーマ、1スライド、1メッセージでポンポンポンポンとスライドに置いていくという作り方をします。スライドに落とし込んでいくのは最後の最後の作業です。

ざっくり言うと、準備全体を100とすると、パワポに落とす時間は20とか15とかそんな感じです。だから他はテキストベースで考えています。そうしないとロジックがつながらないからです。ビジネススクールでも結構厳しく言ってたんですけど、**いきなりレポートをパワポで出してくる人がいるんですよね。それは全然駄目だぞと。**パワポで考えちゃうってことですよね。そもそもレポートという、それだけ読んで理解してもらうものに、なんでパワポなんだか、よくわからないですけど、パワポでレポートを作っちゃうとロジックがつながらないから絶対やめた方がいいです。

僕は若い頃、本質ってどうやって考えたらいいか、全然わからなかったんです。学校では教科書に載ってることを先生が黒板にコピペして、僕がそれをノートにコピペするみたいな勉強をしてきたものだから、何か正解があってそれを覚えるのが勉強みたいに思ってたことがあるわけです。それだと、何かテーマが与えられた時に、自分の意見を聞かれても出てこないんですよね。本質というのは、いきなり考えたところですぐ出てくるわけじゃないんで、自分なりに考えて深めていこうとプレゼンの最初に申し上げようと思いました。

考えるっていうのが大事なんです。大前研一さんと波頭亮さんが「考えるとは、知識や情報を加工して結論を出すということだ」と言っています。**自分が知ってる知識、そこら辺に出回ってる情報を加工して結論を自分なりに出す。これが考えるということ**です。

このプレゼンにおいて、「あなたはとある大学の学長。学生のコロナウイルス感染防止策と学びの最大化を両立させるため、4月からの方針を策定したい。さてどのように考えるか」という例題を考えてみようということで、実際にどういう順番で頭を働かせるかを僕は示そうと思います。

順番の1は「結論を仮置きする」こと。別に正解とか不正解ないんで、まずは自分で思う結論を、仮置きするのが大事です。

2は根拠。他人にとって説得力がある根拠を、仮置きした結論に対して3つぐらい考える。

3は具体例や事実。例えば「キャンパスでの通学を前提としたい」なら、他の人がどう言うだろうかって想像してみることです。例えば「コロナの心配があるんじゃないか」「全員が来たいとは限らないんじゃないか」とか、「学びの効果はどのくらいあるか」という質問がきたら、そこは対策を立ててますよ、こういうところが最大化されますよ、という話を言えればいいんだということですね。とすると、「1．感染予防策はしっかりとる」「2．みんなのニーズに応える」「3．めっちゃ大きな学びになる」。「だからキャンパスの通学を前提としたい」と答えると、これは説得力あるロジックになると思うわけです。

結論の下に根拠が3つぐらい並んでいてこれがピラミッドみたいということで、ピラミッドストラクチャーと言うわけなんですけど、「こういう根拠だからこういう結論」と意味がつながっている形でひとまず作ってみるのが大事ということです。

3つの根拠の下に、具体例とか事実を加えると、さらに強力になっていくわけです。1段目が結論、2段目が根拠3つ、3段目が具体例や事実というピラミッド。これを一つのパッケージとして作る。そうすると、正しいかどうかわからないけれど、自分の本能に従った結論へのロジックが出来上がります。他の人に話すためにまず自分なりにピラミッドを作ることがファーストステップです。

2つ目は、深める。このピラミッドを検証していきます。結論、根拠、それを説明する事例を、上から下に検証していくし、逆に、下から上に検証していくこともやるわけです。事例、事実は自分に都合のいいことだけ集めていないか、この事実からこの根拠って出てくるかな？と検証しつつ、その根拠からこの結論になるだろうかということも検証する。で、このピラミッドはひとまず人に話せるなとなったら人に話す。それで、違うんじゃないかって言われたり、データが違っていたりしたなら修正するんです。

ロジカルシンキングの訓練だけしても駄目なんです。自分の判断軸が、本質を見極めていく上では大事です。**自分はそもそもどういうことを大事にしているのかという軸を持っていないと、ロジカルに考えられる頭を持っていても結論を出せないんです。**何でかというと、自分なりの結論を出すというのは**「覚悟を決めること」**だからです。なぜ覚悟を決められるかというと、自分が大事にしてる軸に照らし合わせてこうだという確信があるからです。

わかりやすく政治で言えば、「生活保障が大事では」というスタンスと、一方で「頑張った人が報われる社会であるべきでは」というスタンスと、例えば両軸あるわけですよ。どっちを重視するか、自分の大切にしてる軸をちゃんと持っておくことで、本能的に結論を出すわけです。

過去が現在につながってるんです。今自分が好きなものって皆さん違うじゃないですか。何で好きかって、過去にその経験をしてるからなんです。なので現在の自分自身の思い、軸を知るためには過去を振り返るとよいです。

その上で3つ目にどうやって他の人と合意していくんだということです。わかりやすく言うと、まず、みんなをリスペクトするところから始めます。あなたの意見はあなたの意見、私の意見は私の意見。いずれも大事だねっていう思いを持ち、その上で議論しようということです。議論するというのは、結論に向かって、その人のピラミッドと自分のピラミッドを擦り合わせていく行為かなと思うんですよね。

議論して合意していく上でのポイントは7つぐらいステップがあるのかなと思います。

①テーマとゴールを確認する
土俵を確認した上で、
②自分のピラミッドを話す
③相手のピラミッドを理解する
ピラミッドを話して、聞く、ということですね。
④共通項と相違点を探す
⑤互いにまず歩み寄ってみる

別に擦り合わせして最大公約数の結論を出していくということではないんですよ。理解できることは歩み寄りを見せながら、

⑥改めてこの2人とかチームの結論をどうしようかと考えてみる

結論を決めるのはリーダーの役割ですが、議論を経て結論を出すことが大事です。

⑦結論を出したら、みんなそれに従う

後で振り返って気づいて変えるのはありますよ。でも、まずは決めたら従う。

これが議論し合意していく上でのポイントです。要するにまず考える。そして2番目に深める、3番目に合意する。これを繰り返しながら本質を見極めようという、そんな話をしました。

これは、僕が20年ぐらいかけて学んできたことです。

ライフラインチャートを使った対話でわかったこと

キーワード　話し方、ロジカルシンキング

2023年11月2日「学びとは。」

この間、Musashino Valleyで対話ワークショップをやっていて、大きなことに気づきましてね、自分でやってて今更大きなことに気づいたとかちょっとやばいんですけど、自分なりの気づきをご紹介します。

要は学びというのは「気づき」のことなんです。だからラーニングじゃなくてアンダースタンディング。「ワーッ!」という気づき。安宅(あたか)和人さんとコンセンサスとして、**学びは気づきの回数である、成長は気づきの回数である**と話したことがあるんですけど、それを日常生活や仕事をする上で行うためにはどうしたらいいかというと、1日やったことを振り返ってみることが自分に矢を向けて自分としての気づきを得る行為だと思います。

振り返りで、言語化したものを自分が俯瞰してそのことを眺める。自分の頭の中にあるとモヤモヤしててメタ化（俯瞰による抽象化）ができないですけど、言語化すると客観的に眺めることができます。

それをやるために、対話ワークショップでは**ライフラインチャートを使った対話**をしました。

1番目にライフラインチャートを描く。モチベーショングラフとも言ったりしますが、自分の人生の、モチベーションやハッピーが上がった、下がったというカーブを、一筆書きみたいな感じで（座標軸0より上がプラス、0より下がマイナスにして）描くんです。「あの時つらかったな」とか「あれがあるから今がある」とか思い出しながら、描く。

そして2番目に、それを人に話す。人に対して自分の人生を語るんです。

3番目にいろんな質問に答える。

4人グループとかで時間がない時は1人10分、5分話して、5分質問を受ける、としたりします。時間がとれる時は20分にして、5分話して、15分質問受けるようにします。

そして順番を変えて他の人の番にします。

めちゃくちゃ盛り上がるんですよ。自分の人生のことは一番語りやすいわけです、自分が一番持っているのは自分の人生の話なわけで、だからめちゃくちゃ盛り上がるということです。

まず、言語化して文章で書くより、ライフラインチャートでカーブを描く方が楽だから、それで頭の中を楽に外に出して客観視できる。

次に、人に話すことによって抽象化されるわけです。カーブを描くだけだったら言語になってないから、それを見て、客観視しながら言葉にするということですね。だから最初の客観や俯瞰と、それからそれの抽象化、言語化がここで起きるわけです。

さらに、質問では基本的には自分で気づいてなかったことを聞かれるので、「いや、それはね」と答えることで客観視できて、またメタ化が起きるわけです。

それで、さらに他の人の話を聞くことによって、他の人の人生から学ぶことができるわけですね。

1粒で4度美味しい、みたいな感じですごいなと思った次第です。

客観視することから気づきを得ること。やっぱり、学びは気づきだし、成長は気づきの回数だということですね。

だから、馬鹿馬鹿しい話で言うとさ、ラーメン食うでしょ。うまいと思うじゃない。でもラーメンは太ると知識として知ってるわけですよ。で、自分は太りたくないと思っている。でも、欲に負けて「太るのは知識として知っているけれど、ラーメン食いたいんだよね」って毎日食っちゃうんですよ。家系ラーメンとかを。それで体重計に乗る。仮に1週間に3キロとか増えたりする。体重を測ってみると、「ラーメンは太るわなあ。そうだよな」と気づく。そうすると「今は痩せなきゃいかん。ラーメンはやめよう」となるわけです。

痩せたいと思っているなら太っちゃ駄目だと知識としてはわかっているんだけど、ついやっちゃうわけですよ。それは知識として知っているけど気づいていない、学んでいないんです。

これをやったらやばいんだって気づくから、体重計に乗るってすごい大事なんですよ。ま、そういうことだと思うわけです。

そうやって人間は成長していくんですよ。行動しないと何も生まれないから、行動して振り返ることが大事だし、自分に引き寄せて考えてみて「ワーッ」って気づいて、それを行動に移すことです。

それでラーメンを翌日も食っちゃったと。「なんで?」と振り返る。「ラーメンはうまいということもあるけど何か他に理由がある」。「ああ、俺、疲れた時にラーメンが元気の源になると思っちゃってるわ。いや、違うから」って気づく。そうすると、その翌日の翌日にはラーメンを食わないで済むようになるんですよね。

皆さん、振り返って気づくということは知識として知っていると思うんだけど、**「ああ、そういうことだったのね!」って声に出して言ってみるといい**と思いますよ。1日何回でも気づけます。

「ああ!」という気づきを得ましょう。

第4章

相手の靴を履く気持ちで聞く

相手に気づきを促す聞き方

キーワード
聞く力、リーダーシップ、マネジメント

2023年1月17日
「【炎の1 on 1】①そもそもなんのためにやるのさ」

【炎の1 on 1】というテーマで、テクニカルな話も含めて1 on 1にまつわる話をしようと思います。過去にも話しているんだけども、いくらやってもいいと思っていますので、繰り返しの部分があっても気にせず聞いていただければと。

『「僕たちのチーム」のつくりかた』でも書いているんですが、1 on 1はマネジメントの手法です。「マネージする」には、「管理する」という意味だけじゃなく、「何とかする」という意味があります。要するにマネージャーは、「人間が集まってできているチームを何とかして導き、ゴールに連れて行く役割」の人なんです。

この「人間」は、一人一人個性が違います。能力も経験も違うし、その人を取り巻く環境も違う。さらに、気分や体調も日によって違うということです。人間関係も違う。それらによってパフォーマンスが変わってくるでしょ。そういう「一人一人違う」人間によって構成されているのがチームなんです。

でね、昔のマネージャーは部下と関わるのが面倒くさいから、「とにかく頑張ってやれぇー」とか「なんでできてねぇんだ！」と言って怖がらせる。それで耐えきれば昇進できるぜ、みたいな感じだったから、みんな頑張ってやっていた。「耐え難きを耐え、忍び難きを忍んで頑張ります！」みたいな感じだったんだけど、今それやっちゃうとすぐ辞めちゃうし、そういう社会じゃなくなっていますよね。

マネージャーはコミュニケーションを通してメンバー一人一人の個性や現状のコンディションを常につかんでおかないとパフォーマンスは出ないんです。だから、1 on 1がマネージャーにとって必要な仕事なんです。

「今期はこれが目標だ！」とチームミーティングで全員に言ったところで、その捉え方は一人一人違う。だから、「これはこういうことなんだよね」って各自に説明していくし、それについてどう思うかを聞いていかなきゃいけない。さらに、目標に向かってうまく進んでいるか、進んでいないかを確認するのも必要です。それを確認して適切な手を打つ点に、マネージャーとしての仕事はあるわけです。

一方でメンバー側のニーズっていうものがあります。メンバーには、「目標達成したいです」「評価されたいです」「ボーナスをたくさんもらいたいです」「キャリアアップしていきたいです」

と考えている人がいます。一方、「淡々と仕事できればいいな」と思ってる人もいます。「今まで頑張ってきたんだけど、家族の状況がこんなだからちょっと今期は頑張れないな」という人もいるわけです。だから**マネージャーは、各自の状況を認識することが大事です。**

メンバーは常に悩みがウヨウヨウヨウヨウヨ蠢(うごめ)いています。「今やってる仕事、これでいいんだっけ?」とか「そもそもどこを目指すんだっけ?」とか。「今期、どうすれば達成できるんだっけ?」「人間関係どうしよう」とかね。とにかくメンバーは悩むのが仕事みたいなものです。自分で解決できればいいんだけど、なかなかそうはいかない。メンバーは人のことはよく見えるけど、自分のことになると急に悩むことがよくあるわけです。だから、**マネージャーがメンバーのことを会話を通じて理解し、相手に沿ったアドバイスができれば、それが一番なわけで、そのために1 on 1をするということです。**

つまり、マネージャー側は、メンバーの才能と情熱を解き放ってパフォーマンスを最大化し、チームとしての目標を達成するために、コンディションや在り様が違う一人一人と話しながら、どうすりゃいいんだろうということをつかむために、1 on 1のニーズがある。モヤモヤ悩んでいるメンバーに対し、それぞれがどういう状態にあるかを客観的に把握して、いいところはガンガン伸ばして、悪い点は改善していくというところを言語化できると最高なわけです。その言語化をするために、マネージャーの力を使うということです。

マネージャーは、メンバーに言いたいことがあっても、それを言うことでメンバーの心が折れたりすることもあるなら、口にするより、本人が自然に気づいて改善する方がいいわけです。尾石晴（おいしはる）さんとの対談でもこの話になりましたけど、メンバーに「答えを当てにいかせるような答え方」をさせちゃ駄目。自分で自主的に考えて主体的に答えを見つけていければ最高なわけで、マネージャーが教えすぎちゃいかんということです。

みんなから話を聞いた上で、マネージャーとしては自分が設定したチームの目標へとみんなが向かっていくベクトルを整えていく。そして、メンバーが悩みを解決していくサポートをしていくのが、1 on 1です。だから1 on 1は、**「メンバーのための時間」**だということを強く意識するのが大事です。主体的にメンバーが悩みを解決して、課題が解決してチームの目標達成に向けて動いていくようになったら最高じゃない。自分で気づいてもらった時ほど強いものはないので、自分で気づいてもらう。そういうことです。だから教えちゃいけないんですよ。**確実に答えがわかることでもなるべく「どう思う？」と言って考えてもらう。「俺だったらこうしますね」と言ったら「それじゃあやってみようよ」と、覚悟を決めて歩いていってもらう。**こういうことをやる時間です。だから、1 on 1は人材開発の時間なんですよ。

大きな問題が起きて緊急事態になった時は、話をメンバーからゆっくり聞く余裕がなくどんどん決断していく必要があるので、**有事の時は「フォローミー」**。**一方、平時は「アフターユー」（お先にどうぞ）**。

1 on 1は、平時の人材開発のツールでありマネジメントのツールだということです。そういうことを意識しているだけで違うと思います。

メンバーの方は、こういう時間にしてほしいということをリクエストしてください。それは正当なリクエストです。

「これは伊藤羊一さんから聞きました。ついては、私もこういうふうにしたいと思うので、ぜひお時間をください」という言い方をしてみて、そんな時間に持っていくことができたらさ、それはそれでいいと思うんだよね。

マネージャーがなかなかやってくれなかったら、リクエストしてやり方を変えてもらうことを考えてみてください。

能動的であるために質問する

キーワード　働き方、聞く力、日々の業務

2021年6月24日「自分を成長させるためにガチで大事なこと」

ある勉強会で、7人ぐらいで車座になって、どんなことにモヤモヤしてるかみたいなことを話していたんです。そこで出てきた話が**「質問力」**です。

僕もよくよく考えてみると、質問してと言われてもなかなか質問できなかったし、こんなことを言ったら「空気読めねえ」って思われるかな?とか悩みながら、いつの間にかいろんなことができるようになってきました。

どうやってできるようになったかは、僕の本に書いているんですけども、質問しようにも相手が何を言ってるのかがわからなかったとか、自分の意見がまとまらなかったとか、いろんなことを思い出して。自分が受験生だったとしたら、武蔵野大学アントレプレナーシップ学部は受けられなかったですね。寮でずっとみんなで暮らすなんて怯えてしまっただろうし、この学部を受けて、受かっても、寮の勉強会に出席できなかったと思います。馬鹿だって見透かされるのが嫌だったんですよね。

僕はグロービスに入って、クリティカルシンキングと、その前提としてのロジカルシンキングができるようになって、頭の中をこう整理すればいいんだというのがわかってきて、40歳手前ぐらいにビジネスの成果も出てきて多少自信も出てくる中で、他の人と話すことにあんまり物怖(ものお)じしなくてもいいんだなって思うようになりました。考えてみると、大学卒業して15年ぐらいはできなかったんですよね。その時の自分に立ち返って、どうすればいいのかを、改めて見直す必要があるのかなと思ったんです。

できなかった自分ができるようになった過程を抽象化すると、1つ目に、自分はこう考えてるんだということを声に出して人に話したり、文章に変えて表明することをとにかくやりまくりました。

「俺はこう思う」ということを言語化し続けた。学生の中にはノートに書いている人もいるみたいですけど、そういう形で「俺はこう思う」と言語化するのはすごい大事かなと思うんですよね。すべてはそこから始まると。

「特に意見ありませ〜ん」みたいなこともテーマによってはあるかもしれないですけど、スタンスなんですよね。テーマに対してどんなに稚拙でもいいから答えを出そうと、「俺はこれについてこう思う」みたいなことを言語化してみることがすごい大事だなと思います。

2つ目は、やっぱり人の話から学ぶのはすごい大事。人の話って、何も考えず、ボーッと聞いているうと本当に何も入ってこない。そこで僕は、喋っている人と心の中で対話することをよくやっていました。

例えば先生が何か言ってると、「先生はそうやって受け止めるんだ。俺はどうかな。どう説明したらいいかはわからないけど何か違和感があるな。この結論に対して根拠はこういうふうに考えるんだ……。それもなんかよくわからんぞ」みたいな感じで、**頭の中でツッコミを入れるというか**、その先生の言っていることに自分の中で対話する感じで聞いていると、案外、入ってくるんですよね。

人の話を「レコーダー」のように聞くと、人間的な判断って出てこないんですよね。そうじゃなくて、「対話」として聞くことで、僕は人の話を結構聞けるようになりましたね。そうやって対話すると、質問したくなるわけです。わからないことがいっぱい出てくるから。

そして**3つ目に、わからないことは必ず質問するようになりました。「これはつまりこういうことですか?」って無理にでも質問するようにしたんです。**疑問を疑問のまま放置すると受動的になっていっちゃうので、**能動的であるために、質問を意識してする**ようになりました。

僕も質問されると嬉しいんだよね。「そういうところが疑問なのね」って、自分と違う切り口で説明ができることは話に彩りを与えてくれるんです。

それから**4つ目に、いろんなことに興味を持つために声に出すようにしたんですよ。**「おもしれぇ」とか「スゲー」とか「やべぇ」というふうに声に出して言うと、どんどん好奇心って醸成されていくんですね。

昔の僕はホント好奇心がなくて。でも周りには好奇心が強い人多くて、彼らは「羊一、すごいなこれ!」とかって同意を求めるわけです。その時に「羊一、つまんなそうにしてるよ」みたいに見透かされるのが嫌で、「うぉー、すげえ」って自分から言うようにしたんです。そうしたら、自然と好奇心が強くなっていきました。

最後に、踏み出す時にどうするかですけど、結局これはやってみるしかない。ドキドキするし、物怖じするし、嫌なんだけど、それでもやってみるということをある時期、集中的にやりました。「ひとまず申し込んでしまう」ということです。

僕は飲み会に出るのが嫌だったんで、ドタキャンを結構したんですけど、それでも断れないことがあるわけです。3回に2回ぐらいドタキャンしても残りの1回は仕方なく行く。で、ドキドキしながら行ってみると、2回に1回くらいは楽しいんですよ。「ドキドキしたけど終わってみたら面白いよな」と気づくと次のハードルが下がる。恥ずかしながら、昔はドタキャンをしまくっていたんですけど、それでも行っている中でちょっとずつ「そっか、人とコミュニケーションをとるのもそんなに悪くはないいな」って、慣れていったところがあるわけです。

結局、そうやって考えて行動してみることでしか成長ってできないんですよね。僕らの中では、**モチベーションが湧かないから行動できないんじゃなくて、行動しないからモチベーションが湧かない**ことが定説になっています。ということは、モチベーションを上げるためには行動するしかないんですよ。

今日申し上げたようなことを僕は、30代後半ぐらいから40代前半ぐらいまで相当苦労しながらやってました。今でも結構ドキドキすることってあるんですよね。俺なんかがこんなこと言っちゃって本当にいいのかなとか、みんなに嫌われないかなとか。ビビりなのはいつまでたっても直らないんですけど、だいぶハードルが下がってきたなと思います。これはもう本当に訓練しかなくて。

なので皆さん方も、今モヤモヤして動けないとか、人のことが気になるとか、自分で踏み出せないとか、パニックになるとか、いろいろあると思うんですけど、解決する術はあります。ただ、そのためには努力するしかない。身も蓋もないですけど、やるしかないんだということは本当に皆さんにお伝えしたいなと思います。

相手をイラつかせる返事や反応をしていませんか？

キーワード
コミュニケーション、話す力、聞く力

2022年8月29日
「相手に心地よいコミュニケーション」

今、アメリカにおります。

ハッシュタグ企画「#コミュニケーション」でお話しします。

仕事に追われて焦りながら仕事してる中で感じるのが、イラッとくる話し方をする人。いるんですよね。性格とかというよりも、話し方そのものにイラつくんですよ。これね、スキルなんです。多分、変えようと思えば変えられるんです。

問題は、本人がそもそも意識できてるか。意識できるんだったら変えられるし、意識できなければ変えられない。当たり前なんですけど。自分のコミュニケーションの客観視って、なかなかできないじゃないですか。だからなかなか意識ができないんですよね。

最初に結論めいたことを言っちゃうと、**プレゼンテーションは一方向性が強いのに対し、コ**

ミュニケーションは双方向なんですよね。だからやり取りが大事だと考えると、わかりやすいかなと思うんです。それで、5つほど駄目な話をしたいと思います。

1つ目は、コミュニケーションは双方向なので、相手の言葉があるじゃないですか。それに対して**単にかぶせて終わるのは駄目**なんですよ。これ、『LISTEN――知性豊かで創造力がある人になれる』（ケイト・マーフィ著、篠田真貴子監訳、日経BP社）という本にあったたし、ユーチューバーでありVoicyパーソナリティでもあるDr・ヒロさんもツイッター（X）で書いていたけど、Aさんが「僕、○○ということがあって、つらかったんだよね」って言ったのに対し、Bさんが「俺は××だった」というふうに、自分のことを言ってかぶせるというケース。

これはね、イラつくんですよね。相手のことを受け止めないで自分の話に持っていっちゃう。Aさんのキックで話が始まったのに、それに対するBさんの答えが「俺はこうだった」だと、話は続かないですよ。

人の話のターンを奪って、自分の話に持っていっちゃうことの対応策としては、**まずAさんの話に対してちゃんと解釈を加える**ということですね。「その気持ちわかる」とか「それ、つらかったね」とか言った上で、一旦終わってから「でね、実は俺、こういうこともあったんだけど」と自分の話をするのがいいんじゃないかなと思います。

2つ目は、相手が話した反応を否定するケースはいかんですね。Aさんが「僕ね、○○と上司に言われててつらかった」と言い、Bさんが「ああそうなんだね、大変だね」と答えたとするじゃないですか。それでいきなりAさんが「いやもう、無視するんで、別に大丈夫なんですけど」と、ずらすというか否定するケースがあるんですよね。

これは要するに、自分自身が言ったことに対して「つらい」って言ってほしい。だけど、人に言われるのは嫌。だから否定する、みたいなことなんですよね。

Bさんからすれば、いきなりリアクションを否定されると「なんなんだろう?」となりますよね。

これはね、**否定しないことが大事**です。

そしてAさんとしては、「『ああそうなんだね、大変だね』って言ってくれた」ということを意識するのがめっちゃ大事ということですね。

3つ目は、純粋にノリが悪いというか、頑なに自分のポジションから出ない人。こっちから「~だよね」と言っても、絶対に「そうですよね!」とはならない。「そうですかね」、あるいは「それは○○です」みたいな感じで、自分の位置から動かないみたいな。

コミュニケーション上手な人はすうっと相手のテンションに合わせるんですよね。

僕も、全部合わせることはできないんですよ。だから「ノリノリだよね、羊一!」とか言われても「お、おう……」ってなっちゃうんだけど、向こうも自分に対して「羊一さんはこういうふうにやると嬉しいんだろうな」と思ってきているのであれば、それに対して**「あなたの想い、わかってますよ」ということで、ちゃんとそのテンションに合わせるサイン**を送るというのが重要かなと思います。

そして**４つ目は、相手が話した時、首をかしげて目を左上に持っていったり、「はあ？　わかりません」みたいに表情で伝えるとか、自分がわかるまで絶対うなずかない**とか。なんかそういう感じがすると相手は喋りたくなくなっちゃうんですよね。そうじゃなくて、**あなたの話を一生懸命理解したいという反応する。ちゃんとうなずいて、一生懸命聞いてわかろうとするスタンスを見せることは大事ね。**その上でわからないことはわからないと言えばいいと思います。

うなずきというのは、「おうおうおうおう」とか「ああ～」とか「おお？」とか「ほぉ」「へえ」みたいな感じで、いろいろバリエーションがあるわけですよ。そういうのをちゃんと相手にサインとして伝えると、たくさん喋ってもらえるかなというふうに思います。

そして**５つ目は、自分がどう思ってどう感じるかだけを言わない。**難しい言葉を使って相手を置き去りにしちゃうとか、ダダーッと自分が話したいペースで話しちゃうとかね。あるいは、相手に関係なく「私は〇〇です」とだけ言うとかね。

そうじゃなく、「これが重要だというのはわかってます」とか「それをあなたとしてはこう考えてますよね」というのを受け止めた上で、「私はこういう状況です」みたいに伝えるってことです。

こういうのってあんまり他人に指摘されないじゃないですか。だから人は自然と、自分本位のコミュニケーションになっちゃったりするんですよね。そうするとその人って自然と敬遠されちゃうんです。

一生懸命やっているのになんかうまくいかないなとか、コミュニケーションでちょっと人との関係がうまくいかないな、みたいな時は、こういうところに問題があるのかもしれません。**大事なのは相手の靴を履くということ**ですね。相手の立場に立ったコミュニケーションを意識する。これをできれば、相手といい関係を築けるんです。

相手の靴を履くというのをぜひやってみてください。コミュニケーションが変わります。

仲良くなるには、話すより聞くことが大事

2022年2月15日
「聴け。」

キーワード
聞く力、マネジメント

皆さん、怒ること、ありますよね。僕もあります。だけど、「その場で怒ること」と「志の実現」を天秤にかけてみて、どっちが大事なんですかって考えて怒らないこともある。そういったように理性的に生きていこうぜっていう話を前にしました。

この怒る状況がなんで生まれるかというと、自分の期待とか自分の認識とか自分の「こうだろうな」っていう想像、こういったものと、相手のリアクションが違ったことからだと思います。もちろん、相手がやおら倫理観を批判するようなことやったら、それはもう自分の期待も何も関係ないわけですよ。倫理観は別の話としてちょっと置いといて、**相手のリアクションが意外だったから怒ることって多いと思うんです。**それがネガティブに働いた時に怒る。ポジティブに働いた時は「おお、嬉しい」という感じになる。そういうことかなって思った時に、それ

を知ることは大事なんですよね。だから、相手のことをよく知ることがめちゃめちゃ大事かなと思うんです。「相手のことをちゃんと知ってますか」っていうことです。

マネージャーの立場にいらっしゃる方は、メンバーのことを本当によくわかってますかということです。どんな仕事のスタイルが彼、彼女には望ましいんだろうとか、どんなことに関心を持ってるんだろうとか、そういうところをちゃんと知ってますか。

それはね、やっぱり聞くしかないんですよね。想像したところで、あなたがその人ではないので、わからないですよ。真実はその人の中にしかないので、ちゃんと聞こうねっていう話です。

例えば、あなたがプライベートでパートナーを見つけるとします。付き合いたいと思った時、相手のことを知ろうとするじゃないですか。話を聞くでしょ。話を聞いて「この人、こういう人なんだ」って理解するじゃないですか。だから仲良くなる。これ、別に付き合うとかじゃなくてもそうなんだけど、仲良くなるためにはいろいろ聞かなきゃわからない。どんなこと考えてんだろう？ってね。

みんな、考えてることが本当に違うんで、**人と仲良くなるためには、「私はこうなんだ」って言うよりも「あなたはそうなんですね」ということをちゃんと聞くのが大事です。**

あと、マネジメントにおいては相手に成長してもらうことがすごい大事です。どう成長してもらうかというと、やっぱり自主的に主体的に仕事に取り組んでもらうことは大事で、そのためにはその仕事を好きになってもらうことが大事。で、好きになってもらうには、マネージャーが「好きになれ」と言ったところで好きになるわけはなくて、自分で考えてこういうスキルを身につけていく必要あると。それで、そのスキルを身につけた、成長した、お客さんから喜んでもらった、嬉しいね、みたいなことを自分で感じて、成長していってもらうしかないんですよね。

そうするとマネージャーは、なんだか力のかけよう、働きかけようもないんじゃないかって思えるかもしれないけど、そうじゃないんですよ。メンバーが自分で考えていくことをガイドしてあげるっていうことがすごく大事なんです。

質問して、自分はこういうことを考えた、こういうことができた、こういうことが嬉しい。これができなかった、やっぱりできるようになりたい、クリアしてこういうふうに成長したい、その上でこういうことを実現したい。そんな話を喋ってもらうことが大事なんですよね。

今、聞くことはすごいフォーカスされていて、めちゃめちゃ重要です。何度も言ってますけど、1 on 1が大事だというのは要するに聞くことが大事だからです。それこそが人間関係であり、相手の成長を促すことであり、マネージャーの仕事そのもの。

人間関係をよくするために、自分が喋るよりも相手の話を聞くことを、ぜひ意識してみてください。

「聞く」ことを職場でも家庭でもやってほしいんです。

人間って結構モヤモヤしてるじゃないですか。僕もモヤモヤしてるしね。モヤモヤするのをクリアにするには、自分で考えて結論を出すしかない。そのためには聞いてもらう場所があるのはすごい大事です。

だからもちろん、自分がモヤモヤする時は誰かに聞いてもらうことです。

1 on 1ミーティングの極意

キーワード
聞く力、リーダーシップ、マネジメント、1 on 1

2022年7月21日
「1 on 1の極意　何回でも話すぜ!」

先日ある会社で、会長、社長、役員さんたちに、1 on 1ミーティングのトレーニングセッションをやってきました。皆さんに「あっ、そういうことかぁ」と感じ取っていただけて、すごく有意義な時間だったんです。「ミーティングは、上司とメンバーだけでやるべきものでもないので、斜めの関係でも横の関係でもいいからやってください」という話をしたら、「やります、やります」という反応をいただきました。でね、ハッシュタグ企画で「#聞く技術」というのがあったので、1 on 1という軸で、聞く技術についてお話をしてみたいということなんです。

1 on 1ミーティングは、日本のビジネスシーンの中でも一般的になってきたわけなんですけども、これは以前から、海外では普通に行われてきたことのようです。ヤフーは、2012

年に社長の宮坂学さん、副社長の川邊健太郎さん、人事責任者で『ヤフーの1 on 1』の著者でもある本間浩輔さんの体制で1 on 1を始めました。そのきっかけは、宮坂さんと本間さんがメディア関連部署の部長だった時に自分たちで1 on 1をやって効果があり、それを聞いた当時GYAO!の社長だった川邊さんがGYAO!でやって効果があったことから、自分たちが経営陣になった際、全社で1 on 1を始めたということだそうです。

最初、様々な部署で「やってらんねえよ」という方々が結構多かったそうなんですけど、だんだん慣れて、僕がヤフーに入った2015年頃には1 on 1が当然のこととして浸透していました。2019年頃には、全社員に対し1 on 1が非常に重要なコミュニケーションで、マネジメントの上で非常に重要な施策スキルであることが浸透したかなという感じがしています。

1 on 1の定義は「マネージャーがメンバーのために定期的に時間を割き、メンバーの話に耳を傾けることを通して、目標達成と成長を支援する場」。これ、言っていることが4つあります。

中でも重要なのが、1つ目の「マネージャーがメンバーのために」という部分です。

メンバーが話したいことをテーマに、メンバーの振り返りを促進する時間であるし、メンバーを理解するための時間であるし、メンバーをサポートするための時間だということです。だから、たくさん話してもらうことが大事です。

それから2つ目の「定期的に時間を割き」も大切ですね。通常の仕事でも、マネージャーがメンバーのために時間を割くことは毎日やっていると思うんですよ。でもそれって業務上の話。そうじゃなくて、あなたの話を聞きたいんだと、改めて時間を取るというのはそんなにやってないと思うんですよね。

2週間に1回程度でも1か月に1回でもいいからちゃんと時間を取ることが大事です。

そして3つ目に「メンバーの話に耳を傾ける」ことですね。姿勢とかもふんぞり返って、表情もムスッとしてうなずきもあんまりせずにやってたら、メンバーも話す気なくなりますよね。だから、**全神経を集中して聞いているということをサインで送るのはすごい大事なこと。**自分がどのぐらいうなずいたりしているのかチェックしてみるといいと思います。**「うん」とか「おうおうおう」とか「おおっ！」とか「へぇ～」とか「なるほど」「マジで」みたいな返事のパターンを持っておく**ことで、相手にきちんと話を聞いているサインを出して、スムーズに会話するってことです。

また、**適宜、質問をしていくのも大切**です。5W1Hを活用しながら、**「具体的にどういうこと？」と言って具体化してもらうとか、逆に「というのはどういうこと？」と言って抽象化してもらう**とかね。あるいは、**「他にはある？」って話を広げたりするのが大事**かなと思うんですよね。

その上で、単に雑談するだけじゃなくて、目標達成とか成長を支援する場として1 on 1を使っていくのは非常にいいなということですね。

コルブの経験学習サイクルというのがあって、要するに、振り返って気づいて、それを実践して経験し、また振り返るという流れ。気づいてもらうためにこっちから教えることはあまりせず、質問しながら相手の発言を促していきます。

相手の成長につなげていくには、経験をもとに振り返ってもらう。前回の1 on 1から1週間ぶりに話すとしたら「1週間、どうでした?」って話から始めるわけです。よかった、悪かったみたいなのがあったら「どこが良かったですか?」「どこは良くなかったですか?」みたいに、部所を特定していく。

そうすると「あのイベントの時、僕、ちょっとうまくいったような気がして」みたいな答えが返ってくる。Ｗｈｅｒｅを明確にしていく。

でその後、「それ、何でうまくいったの?」と、Ｗｈｙを繰り返しながら、何が良かったのか、何が自分にとってプラスになったんだろうみたいなことを考えてもらうんですね。

そうして、「この部分でこういうふうにできたから、自分はちゃんとできたんだ」とか、「ここの部分が足らなかったからうまくいかなかったんだ」っていう原因を自分で明確にしてもらう。それが気づきです。

気づいたら、**「ＯＫ! それに気づいたのですね。それを来週までにどうしようか?」**みた

いに問いかけ、いつまでに何をやるかを宣言してもらうと。

そして**1週間経って「どうだった？　やってみた？」みたいな感じでまた聞く**わけです。そういう形で質問を通じて相手の気づきと成長を促していくわけなんです。

例えばですね、「どこが問題だったの？」って聞いて、「ここはこうでこうだと思います」と言ってもらった時に、**こっちから教えないで「じゃあ、どうしたらいいと思う？」と聞いていくってこと**です。そうすると、「こうこうでこうだと思います」と自分から答えていくことができますね。

序盤はとにかく広くたくさん聞いていくこと。「そこ、もう少し聞かせて」とか「他にある？」とか、そういう感じで話を広げていくことが大事だったりします。

その後は、深めていくことが必要になってきます。いろいろ聞いていく中で、成長につながりそうな良かった点、悪かった点を相手もわかったなら、途中から「よし！　じゃあ、ここの部分を深めていこう！」っていうふうに深めていく。そうして、自分が重要だと思っていることに気づいてもらうことです。

僕はそこで、間（ま）を大事にしています。

この前、「僕の1 on 1、どう？」ってメンバーの人に聞いてみたら、「羊一さんから問われた後の間があることで、自分が気づいたり考えさせられたりしているんだなと思いました。羊一さんとの1 on 1は、いい意味で放置していただける時間があることが、自分の気づきにつながっています」というメッセージをいただきました。確かに僕、「ああそっか」とか「考えて～」とか言って、**相手の喋りを促さない**でやってたりするんですよね。

1 on 1ミーティング、聞く時間でっせということで、そんな形で聞く力を通してメンバーが成長していくきっかけになればいいかなと思う次第です。

言葉にすると頭のモヤモヤはクリアになる

キーワード　聞く力、1 on 1

2022年4月12日「1 on 1で話を聴く時に大切な、2つのスタンス」

1 on 1で話を聞くことをもっともっと強調しようということで話をします。

まずね、1対1、1 on 1でマネージャーがとるコミュニケーションは3種類あるわけです。一つはティーチング、教えること、もう一つにコーチング、質問をして気づきを引き出すということ、それからフィードバック、観察結果を伝えることで気づきを引き出すということです。

コーチングとフィードバックは気づきを引き出すのが大事なんですよ。ティーチングをあまりしないようにしようね、コーチングとかフィードバックとかが大事だよと言うのは、要するに相手に気づきを得てもらわないと人って成長しないからなんですよね。

ティーチングしたら答えを教えちゃうことだし、相手は受け身になっちゃうじゃないですか。

必要であればティーチングもしたりするんですけど、基本的に考えてもらうってこと、気づきを得てもらうということですね。

気づきとは何かというと、例えば「このワインはどうもブドウの味がする」。「このワインはブドウの香りがする」。「どうも、見てみたらブドウの産地とワインの産地は近い」。

この3つを組み合わせてみて、「要するに、ワインはブドウから生まれているんだね」みたいな気づきになるわけです。**組み合わせてみて初めてわかるわけです。それが気づきです。自分でそれがわかると絶対忘れないですよね。**これが「ワインはブドウからできてるんだよ」と教えられたら、「そうなんですね」と覚えるだけで自分の記憶の中に残らないので、自分で気づくから忘れないということです。

だから自分の頭で考えてもらうっていうこと、それをつなげて結論を出すみたいなことをやることです。それはたくさん喋ってもらう中で自分で考えて気づいてもらうのが大事。だから、コーチングで何か言葉を引き出すというより、たくさん喋ってもらうイメージを持つといいかなと思います。

伝えたいことは2種類あります。

1つ目は「今考えていることを言葉にしてもらう」ことですね。頭にモヤモヤっとあるものを言葉にしてもらうのが一つ。

それから、**2つ目に「こちら側から問いを出して、その問いに対して向き合ってもらい言葉にしてもらう」**。この2つがあるわけです。

それぞれどういうことかというと、「今考えていることを言葉にしてもらう」は、とにかくあなたの今考えてることをまとまってなくてもいいから聞かせてと言って、言葉にしてもらうことです。**否定しないでそれをただただ、うん、うんとうなずきながら聞く**。それは何かというと、喋る人の主観をとにかく言葉にしてもらう。

2番目の「こちら側から問いを出して、その問いに対して向き合ってもらい言葉にしてもらう」というのは、「例えばなんですけど、あなたにとってこの1週間を振り返るとどんな1週間でしたか」とか「今の状態を天気で言うとどんな天気ですか。それはなぜですか」とこちらから問いを投げかけることによってその問いに向き合ってもらうということです。

自分では考えない「それ」を考えてもらうということ、つまり自分自身を俯瞰してもらうということなんです。

この2つを行ったり来たりすることが大事です。順番がどっちが先とかはなくて、とにかく言葉にしてもらうことで頭のモヤモヤをクリアにしてもらう。

注意すべきは、1番目も2番目もいずれにせよ考えてもらうのが大事なので、間があっても気にしない。**間があってもせかさないという空気を作ること**です。その間がある間に相手は考えてくれるということです。その時間が大事なんです。

だから「全然いいよ、全然いいよ、言葉にならなくてもいいよ。別のこと考えているから」ぐらいのノリで、とにかく間を置きながら、言葉にしてもらうといいかなって思います。

だんだんそういう関係が出来上がってくると、1 on 1をするにあたって僕が「どうですか?」って聞いただけで、「そうですね……」って勝手に考え始める。勝手に考えて「こうかもしれない、ああかもしれない」ってモヤモヤ考える時間に使ってもらう。それはすごい贅沢な時間ですよね。そういうサポートをする。

こっちから何かスキルとか知識を提供するとかっていうのは決してなくて、考えてもらう時間を提供する、確保するんだと。それが1 on 1ですよっていうことをぜひ意識してみてください。

聞くことで知は蓄積される

キーワード
聞く力、1 on 1

2021年9月7日「LISTEN 聞くことは最高の知性だね」

『**LISTEN——知性豊かで創造力がある人になれる**』という、持ってるとちょっと知的に見えるふうな厚い本なんですけど、ケイト・マーフィという海外の方が書いた本で、僕の友人の篠田真貴子さんが監訳されて、売れています。

週末、これを読みました。洋書って普通、読みづらいじゃないですか。僕はあんまり得意じゃないんですけど、この本はすごい読みやすかったです。

詳しくは読んでみるといいと思いますけども、聞くことは本当大事ですよね。帯に「『聞くこと』は最高の知性」と書いてあって、まさに、そういうことだなと思っています。

僕も『1分で話せ2』や『FREE, FLAT, FUN』で1 on 1を中心に人の話を聞くことの大事さはお伝えしてますけれども、これは全編でそれを書いてある本です。

1on1のスタンスについては、これを読むといいかなと思いました。

1on1ミーティングが大事という話はVoicyで多分、200万回ぐらい言っていて、これからも言い続けるんですけど、1on1では相手にたくさん喋ってもらうことが超大事なんですよね。**相手が喋っていることをちゃんと聞くことが大事で、聞いた後のイケているアドバイスなんて不要**だと思っています。ちゃんと聞くことができればいいんだったら、ちょっとハードルが下がるような気がしません？

2つほど、「これ、結構いいじゃん。俺、できてる」と読みながら思ったことをドヤりたいんですけど。

何かというと、15章に「間が大事」ということ。「間を埋めようとしてベラベラ喋る必要は全然なくて、間を空けてもいいから、とにかく話を聞くことが大事ですよ」という話が出てくるんですけど、これは僕がずっと言ってることなんですよね。

僕は1on1トレーニングをいろんなところでやっていて、その中でメンバーからこんなコメントをいただいたんですよね、という話をよくするんです。そのスライドをつけておきます**（図）**。

それからもう一つ、そうそうと思ったのが、どこかの章に「寄り添うか、ずらす対応をするか」ということがあって、ずらす対応をする人って時々いて、これ、ちょっとおかしいなと思っていたんだけど、なかなか言語化できなかったのがまさに言語化できました。

メンバーより

改めて1 on 1を振り返って思ったことですが…羊一さんから**問われたあとの「間」があることで、自分が気づいたり考えさせられたりしている**んだなと思いました。

話しやすさって、相手の雰囲気もありますが、**考える時間をもらってるかどうか（上司が答えをだすのを待ってくれるかどうか）**で大きく変わる気がしていますし、

羊一さんとの1 on 1は、**いい意味で放置していただける時間があることが自分の気づきにつながっています。**

ずらす対応とはどういうことかというと、Aさんが「私、こうなんですよね」と言ったら、Bさんが「私はこうなんです」って答える。向き合ってないコメントする人が結構いるんです。そういう人はずらすのが何かデフォルトになっちゃっている感じがしてて、「そうなんだね」と対話としては返してほしいところが、「そうなんですね。私はこうなんです」みたいにずれちゃうと、その人に話をする気がなくなっちゃうみたいなことを感じることがあって。

だから聞くって単に答えるでもないし、Aさんが「私、こうなんです」って言ったら、Bさんに「私はこうなんです」って言ってほしいんじゃなくて、「そうなんですね」とか「それはなんでですか」って、**Aさんが言ってることに対して答えてほしい。向き合うことが大事**なんだよなって思っていたわけです。

結局、聞く人は聞く人の立場で聞くのではない。どういうことかというと、その人の立場に身を投げ出し

てみる。だから、自分は自分の立場のまま、あなたの話を聞いてます、ではなくて、私は今、あなたに寄り添ってあなたの立場になります。あなたに憑依(ひょうい)します。あなたに投げ出します。あなたの靴を履いて話を聞きますということ。

これができたら、ビジネスとかプライベートでも非常にいいんじゃないかなって。やり取りでもないいんですよね。まずはその人の言語化が大事で、その人がたくさん喋るためにやれることを全部やることが大事です。

そうすると質問とか合いの手も変わってくるわけです。**自分が知りたいことを質問するんではなくて、その人の思考が深まるトスを出す**ということです。**「そうなんですね」という相槌はめちゃめちゃ重要**だし、「それでどうなったんですか」とか「その時、どんなことを考えていたんですか」って、とにかく「自分だったらどういう合いの手が入るともっと喋れるかな」ということだけを考えコメントをしていくことが、聞く上で重要なスタンス。

テクニックが大事なんじゃなくて、相手の立場になって反応しながら喋ってもらうということ。それがなんで知性かというと、結局その人がどんどんどんどん思考が言語化されてくると同時に、その人の話が終わったら自分が受け取れる。そうやって知が蓄積していくということなんだと思うのです。

ずらす対応とか、単に言いたいことを議論し合うだけでは知は高まっていかない。だから聞くことって最高の知性なんだということだったと改めて感じちゃったので、お話ししました。

仕組みづくりに1 on 1が息吹きを吹き込む

キーワード

聞く力、1 on 1

2023年5月11日「1 on 1しか勝たん」

日々日々、追われまくって仕事をしておりますが、そんな中、一服の清涼剤というか、時間は結構かかるんですけど、なんかいい時間だなと思うのが、学生との1 on 1です。

1学年はざっくり60人で、4月中に1年生とは全員終わりました。5月に入ってから、2年生、3年生の希望者とやってます。これがざっくり20人ぐらいいたのかな。

僕は2年も3年も授業で担当しているんですけど、授業で担当する時はやっぱり一方向ではあるんですよね、インタラクティブにやるし、僕はファシリテーターなんだけど、とはいえ、授業で設定されたテーマでやってるので、一人一人がどんなふうに生きているの?という話はよくわからないわけです。ところが**一人一人と向き合うと、2年生、3年生の一部なんですけどそれでも一人一人の生きざま、状況が見えてくる**わけです。

それが積み重なってくると、今2年生はこんな感じだな、今3年生はこんな感じだなというのが見えてくるんです。3年生はもう3年生になっちゃったっていう焦りを感じつつもやるしかないと、結構割り切っているんですよね。それがもう、つぶさにわかるんですよ。

一方で2年生はモヤモヤ絶頂期のような感じで、一人一人、状況は違えど、モヤモヤしているなっていうことがよくわかります。

で、3年生に対しては「もうそれで突っ込んでいきなよ」とひたすら僕は言ってたし、2年生に対しては具体的にこうやったらいいんじゃないかとか、こういうふうに考えたらいいんじゃないかというアドバイスをしてたんですよね。

面白いですよね。一人一人は当然状況違うんですけど、それでもやっぱり学年によるものってあるんですよね。それが本当に1 on 1をやってよく見えてきます。

1 on 1にはいろんなメリットがあるんですけど、今回感じたのはたくさんの方の話を聞いてみるとサンプリングになるということです。今の学部の進捗はこんなだなというのは一発でよくわかる。3年生はいい意味で諦めて自分の人生を歩くみたいなことになってるし、2年生はめちゃめちゃモヤモヤしてるし、ということが、こういうステップだからこうなんだなって、1人だけじゃわからないんだけど、20人、30人になってくるとわかってくる。だからたくさんの方と1 on 1をするのは大事だなと改めて思いますよね。

スケジュールは厳しいけど、1 on 1によって得られるものはすごいでかいなと思うんですよね。

僕は武蔵野EMCという学部の仕組みを今作っているんですけども、それは仕組みを作るだけではなくて、**その仕組みがどんなふうに生きものとして生きているかは1 on 1をすることで息吹きが吹き込まれるというか、そういうのがもう如実にわかる**ということです。これはすごい大事。

当然のことながら、一人一人の成長を、質問を通じて促していくところもそれぞれやっていて、みんなにとってもいい時間になってると信じたいわけなんですけど。

やっぱり1年生の時の1 on 1ではとにかく僕は聞き役に回るんだけど、2年生、3年生は何かしらの意味を持って1 on 1に来てるわけで、これでいいのかとか、それから背中を押してほしいとかいうところがあるので、背中をバーンと押すとか、「そこの部分はこういうふうにまずやってみたら」とか、「ここの部分はこんなふうに将来に対するイメージを考えてみたら」みたいなことをなるべくブスッと刺すようにしてて。

だから、2年生、3年生においては、ソリューションもある程度、全部言うかどうかは別として言葉に出してるということですね。

そんな感じで進めております。それがまた何か月か経って「羊一さん、こういうふうにやってみたんだけどこうでした」という振り返りをしてくれればいいなと思っています。

報告に来てくれている人もいるし、自分の悩みを相談してくる人もいるんだけど、そうやって頼ってくれるのは嬉しいし、何より何人かの学生が「本当に学部を作ってくれてありがとうございます」って言ってくれて。

「自分がこんなふうに今この瞬間が充実しているのを味わえるというのは最高です。そんな大学生活を送れてハッピーです。ありがとうございました」とかね、「今こんなふうにゼミでやっているんです。最高です」とか言ってくれると最高だなと思うわけです。

日頃の大変さを吹き飛ばすみんなの声、「私今、こんなふうにやってます」というのでも、そんなふうに思える1 on 1をやって、やっぱり、1 on 1しか勝たんなと改めて思った次第です。

学びを最大化する話の聞き方

キーワード
聞く力、日々の業務

2023年1月11日
「このセンスを持って行動できるかで成長は全く変わってくるぜ」

1月5日、6日と富山市の東岩瀬町に行きまして、富山一のイノベーターでいらっしゃる桝田酒造店の枡田隆一郎さんという方にお会いしました。本当に刺激的な大人だなという感じで、俺も頑張ろうって思えるような出会いだったんですけど、細かいところですごく共感する部分がありまして、今日は2つご紹介しようと思うんです。

桝田さんが街中で、写真を紙芝居みたいに見せながら、高校生から大人まで20人くらいにいろんな話をされたんです。その時、最初に「自分がこうやって説明している時に、何か反応いただくと、めっちゃこっちもテンション上がるんだ」とおっしゃってたんですよね。

何となく、人の話を黙って聞いたりするじゃないですか。何十人もいるから、自分の反応なんてあんまり関係ないだろうってことで、うなずきとかもしなかったりする人っているじゃないですか。だけど、**反応があると話す側もテンション上がる**んで、そうするといいよって。僕も説明する側だから、100％共感ですね。これが一つ。

ウェブ会議も、相手がうなずいてるとテンション上がるんですよ。すると結果として、喋ってる人のパフォーマンスが上がるんです。ウェブ会議で画面オフにするケースってあるじゃない。ウェビナーだったらいいんだけど、普通のZoomミーティングで、顔を出さない会社なりグループがあったりするんです。大学の授業でも、顔出さない人がいるんです。

みんなが顔を出して、うなずいたり、疑問に思ったらふんって首傾げたりして、ビビッドに反応する。そうすると、喋る方が「ここでうなずいてくれるな」とわかって、結果としてパフォーマンスが確実に上がります。

それからもう一つは、「歩きながら話す時に、説明する人のすぐ横にぴったりついて話を聞いてると、めっちゃいろいろな学びになるよ」ということをおっしゃっていた。これも100％共感です。

僕もそれを言われるまでもなく、説明者の枡田さんの横にピタッとついて話を聞きながらいろいろ質問したりしてたんですよね。やった方がいいに決まってる。そうすると人って成長するんだよね。

僕も説明しながら回る時に、全員になるべく話が伝わるようにするんだけれども、当然のこ

となが ら移動する時に横にいると話しやすいじゃない。そうすると、「実はね……」みたいな話をしやすいわけです。だからそういう人にはたくさん喋ることは当然あります。

それに付随して、桝田さんは「『本当に聞いていいかわからないんですけれども』とか『初歩的すぎるんですけど』って前置きをして聞く学生がいたんだけど、僕は皆さんに知識があると思っていないので、そういうことは全く気にしないでいいです」ということをおっしゃってた。これもめちゃめちゃ共感です。説明する側は質問する人を馬鹿だなってそもそも思わないし、知らないから来てるわけで、どんな質問にだって答えるわけです。だから、そういった前置きは本当にいらんのだよね。

反応した方がいいよということ、歩きながら話を聞く時は横にぴったりついた方がいいよということ、それから聞いていいのかいけないのかわからないけどみたいな前置きはいらないということ、そんなことを桝田さんはおっしゃってて、本当にその通りだなと。僕もまさにそういうことを気にしていつも生きているなと思った次第です。

説明を聞くことも、コミュニケーションなんですよね。ウェブ会議で画面オフにして、コミュニケーションを捨てていいんでしたっけっていうのは強く言いたいんですよね。

参加者20人のうち2人がリアクションしてくれれば、話す方のテンションが上がる。でも他の人は無表情で聞いてる。そうすると無表情の人は、ちゃんと反応して話し手のテンションを上げた2人にタダ乗りしてるじゃない。それは、話す方もわかってるんだよね。この人はフリーライダーだな、みたいな。そういう人に僕なんかは何かサービスしようって思わないんですよね。

もちろん、何もいいなと思っていないのにうなずく「演技」をする必要はないけど、いろんな人の話って聞けば絶対面白いんです。だから、「へえ〜」って好奇心を持って聞くとそういう反応になるよね。

その人に気に入られたいからっていうことではなくて、**好奇心を持って聞けば、一言も聞き漏らさないようにしようとするじゃない。そうするとその人はスペシャルの質問ができる。そうするとインプットが他の人より大きくなるわけですよ。**それってその人のためになるじゃない。だから、演技でということではなく、好奇心を持って話を聞いてると、絶対成長するよってことです。

それから、こんなこと聞いていいのかなと躊躇(ちゅうちょ)して質問できないこと、昔の僕はそうだったんですけど、それをやってると結局、質問できないケースが増えちゃうんですよね。そうするとね、自分の学びってその分、得られないんですよ。だから、とにかく遠慮せずに思ったら聞くということをやる。馬鹿だと思われてもいいじゃん。馬鹿で〜すって言えばいいので。

自分は以前、他の人から学ぶんだっていう好奇心を持って、その学びを最大化するためにめっちゃ反応してました。

今でも人の話を聞く時、「おおおお！」とか「マジでマジで」とかって反応するわけですよ。あるいは、「っていうことは、こういうことですか？」みたいな質問ね。周りで見てても、僕のリアクションは多分一番と言えるぐらい多い。これが自分の成長っていうのを下支えしてきたっていうのはありますね。

好奇心がどんどん強くなるのは、やっぱり自分の成したいことがあるからですよね。やっぱり積み重ねで成長は変わってくることがありますので、好奇心を持って、全行動、そういう方向にしていくことがめちゃめちゃ大事だなと、桝田さんとお会いして感じました。

「TED」を聞きまくる僕の英語習得法

2022年9月26日
「いつでも、始めればいいじゃん？」

キーワード　話す力、聞く力、マインド

最近、英語をめっちゃ聞き始めてます。英語のシャワーを浴びて、英語を喋れるようになりたいな、と頑張ってます。どういうふうにやってるかというと「TED」を聞きまくってます。

英語に関してはどういうストーリーがあるかというと、中学に入って英語を勉強し始めるわけですよね。その頃、ビートルズとかモンキーズが流行っていて、「英語の発音がいいな」って。ビートルズって英語の発音がきれいじゃないですか。その後、ローリング・ストーンズとかクイーンとかの英語、いいなと思って、英語の歌を練習するようになったわけです。英語の歌をかっこよく歌えるようになりたいと。

それからアーティストが出てくる時って呼び込みがあるじゃない。"Please welcome, Rolling

Stones!〟みたいに。映画にもなったローリング・ストーンズのライブアルバムが衝撃で、「こういう時はこういうふうに発音するんだ」と。

浪人の頃、バンド・エイドの「Do they know it's Christmas?」とか、USAフォー・アフリカの「We Are The World」とかが流行っていて、いろんな人が1節ずつ歌っていくわけですよ。それぞれの人を真似て、そうすると英語もちゃんと発音できないといかんじゃないですか。

「We Are The World」も途中でブルース・スプリングスティーンとスティービー・ワンダーがとっかえひっかえで歌っていくので、二人の声の出し方を真似しながら練習していたわけです。

受験英語はすごい勉強しましたが、喋れないわけです。仕事で海外に行って交渉するとかそういうこともありましたが、英語を使う機会は少なくて、旅行でもそんなに別に海外に行くわけではなかったので、英語を使う機会がなくて。全然使わないわけじゃないし、英語でのプレゼンテーションも何回かしたことあるけど、しっかり勉強しようという感じがあんまりしなくてね。

この間シリコンバレーに行って「これ、駄目だ」と。「勉強しなきゃあかんわ」というふうに思って、喋れるようになろうって訓練し始めてます。

今のところ、「TED」をくるったように聞いていますね。同じ「TED」を何回も何回も聞いてるんです。これがいけてる学習法かわからないんだけど、同じことを聞いてるうちに聞こえてくるようになる。

２０１９年の春頃、ヤフーアカデミアで深圳（しんせん）に行って、とあるコワーキングスペースを見学してたら、ヤフーアカデミアの人が来るから待ち伏せをしていたという、香港大学の学長さんがいらっしゃって、「いろいろお互いに情報交換しないか」、「ついては半年後に香港大学の学生を連れていくからヤフーをベースキャンプにしていろいろ回りたいんだ」という話だったので、いい機会だと思って呼んだわけです。その時に当然俺も最初の挨拶だけじゃなくて、「今俺はこんなことを考えてるんだ」ということをプレゼンするわけだから、すごい練習してプレゼンテーションしました。

それはそれで割とちゃんと伝わったんですが、英語はやっぱり喋れるようになった方がいいなと思って、たまたま、サイモン・シネックという人がやっている「Start with Why」という「ＴＥＤ」の有名な動画を聞いてたわけです。「かっこいいな」と思ってずっと聞いてたんですよ、たまたま。

サイモン・シネックってめちゃめちゃ早口で、俺にしてみたら何を言っているのか全然わからなかったんだけど、リズムがかっこいいからずっと聞いてるうちに、だんだんわかってくるんですよね。これだ！と思って、**何度も何度もスクリプトは基本、見ないで、50回ぐらい聞き、**

どうしてもわからない部分が出てきて、本当にわからない単語がＫＥＹになっている時だけスクリプトを見て、また見ずに何回も何回も聞いているうちに、もうほぼ大体わかるようになっているわけです。**最初、聞き始めた時は5％ぐらいしかわからなかったのに、今、90％ぐらいわかる。**これ、すげえなと。しかも口をついて出てくるわけですよ。俺、やばいと。

これってよくよく考えると赤ん坊が言語を学ぶプロセスじゃないかと。要するに、赤ん坊は文法とか学ばないじゃん。だけどずっとお母さん、お父さんから言葉のシャワーを浴びているうちにそれを真似してわかるようになってくるわけじゃない。

「ＴＥＤ」をうわーっと聞く。こういうふうにしたらわかるんだなってことがわかった。で、1、2年はやっていなかったんだけど、今、そういうことをやり始めたということです。「今週のＴＥＤ」を自分で決めて、ひたすらそれを聞き続ける。先週1週間聞いてて、明らかに聞ける量が増えてるわけですよ。

英語を40年ぶりにやるわけだけど、遅すぎるなんてことないよねということで頑張ってやる。いつか必ずできるようになると思うわけです。

第5章

リーダーシップは「偉い人」だけに必要なものではない

上司、部下という言葉を撲滅したい理由

キーワード　リーダーシップ、マネジメント、マインド

2020年11月1日「僕の考え方のベースにあること」

今日も、1対1でコミュニケーションすることの大事さについて話をしたいなと思っています。リモートワークでも1 on 1は威力を発揮します。マネージャーもメンバーも、これでいいのかなってモヤモヤしてるわけで、ウェブ上であっても1 on 1で話せば、ずいぶんそこはすっきりしてくるわけです。

ちなみにマネージャー、メンバーという言い方をしてるんですけど、私は上司、部下という言葉は可能な限り使いません。**世の中から上司と部下という言葉を撲滅したいと思っていて、「上って何ですか？　下って何ですか？」ということなんです。**

意思決定レイヤーとして上だとか下だとかというのはわからないでもないんですけど、じゃ

あ左とか右にしてもいいんですよね。左から右に流れるのも自然じゃないですか。だから上司じゃなくて「左司（ひだりつかさ）とか、部下じゃなくて「部右（ぶみぎ）」とかでもいいじゃないかと。単なる言葉上の問題ではなくて言葉って大事なんですよね。

上とか下とか普通に言ってると、上司（すなわちマネージャー）が偉い人で、偉い人には逆らってはいけないとか、偉い人の言うことには従うとか、一方で「俺は偉いから暴言を吐いてもいいんだ」とか、そうなっちゃうきっかけになるような気がしていて。

実際、僕の昔勤めていた銀行は、マネジメントトレイヤーが上位に行くほど椅子の形が変わっていたんですよ。今、さすがにそんな前近代的なことはないと思うんですけど、私がいた頃は担当から課長代理になると肘付きの椅子になるんです。課長になると少し背もたれが高くなるんですよ。部長になると背もたれがもっと上がっていくと。それ以上の役職になると材質が革になっていく。

今からすると正直、馬鹿じゃないかみたいな仕掛けなんですけども、そういう形で偉い、偉くないみたいなことを表現していたと。それはおかしいですよね。

僕が強く言いたいのは、**「上司＝マネージャー」は機能でしかない**ということです。

与えられた機能を果たしてちょうだいねっていうことで、偉そうにしていいという話では全然ないのです。**人間として偉い、偉くないなどということはなく、マネジメントの機能の権限**

と責任があるというだけなんです。全員がフラットなんです。だから、「上」司、部「下」ではなくてマネージャー、メンバーと言おうねと思っています。会社に限らずどこでもそう。一人一人がかけがえのないオンリーワンの存在だと僕は思うのです。

仕事ができるとかできないとか、人間関係がうまくいってるとかいってないとか、そういうことに関係なく、あなたはかけがえのない人間です。なぜなら、あなたは世界に1人しかいないんですから。**一人一人は考えていることも持ち味も違うんです**。そうですよね。

だって例えば、野球のチーム、どこが好きですかって言って、人によって違うじゃないですか。サッカーのチーム、どこが好きですかとか、野球とサッカーではどうですかとか。漫画が好きだという人もいるでしょうし、人それぞれなんですよね。考えていることが違うんです。

そうしたら持ち味も変わってきますよね。すべてが優れている人なんていないし、すべてが劣っている人もいないし、パーツパーツではそういうのがあるかもしれないですけど、人間として優れているとか、劣ってるとかじゃない。そういうのを込み込みで、スペシャルに全部、あなたの持ち味なんだということです。

それが大前提なんですよ。すると、何か業務上の指示をした時の受け止め方も当然、人それぞれになるわけです。**人それぞれ考えることが違うから受け止め方も違う**ということですね。

何かをやった時の学びとか成長の度合いも人それぞれなんですね。業務に対するスタンスも人それぞれなんですよ。これね、良い悪いじゃなくて、違うんですよ。だからマネージャーはチームの成果を出すために違う人間である一人一人と向き合うということなんです。なぜかっていうと自分が複数の人に対して何か同じことを言ったとして、受け止め方とか、そこからの気づきは人それぞれ違うからですね。それを無視したらパフォーマンスは上がらないんです。一人一人と向き合って寄り添ってやっていくのがマネージャーの責任だと思ってます。だから、1 on 1をやりましょうねと。

翻ってみれば、みんな一人一人をリスペクトしましょうねということです。**リスペクトって必ずしも尊敬することとじゃなくてよくて、「私は私だ」というのと同じように、「あなたはあなただ」ということ、あなたの存在を認めること。それがリスペクトだと思います。**

一人一人を認めること。みんなそうなったら、自分自身の存在も認められますよね。それが進んでいくと、差別はなくなっていくんだと思うんです。

それと同じような考え方でよく「あの人はすごい人だから」という言い方をする人がいます。僕も言われたりすることがあるんですけども、「何がすごいんですか」って返したりします。

僕がやってる「何か」とか僕の「この能力」がすごいとかっていうんだったら全然ＯＫなんですけど、「人としてすごい」という言い方はあんまり好きじゃない。誰かがすごいんだったらみんなすごい、自分がすごくないんだったらみんなもすごくない。こういうことじゃないかなって思うわけです。

それが素敵な人間の社会だと思うんです。一人一人がフラットであればいいなと思っているし、そうすると一人一人がかけがえのない存在になってくる。

ですので、会社に限らずいろんなところで一人一人の違いを認めてリスペクトして話をすることが大事だと思います。

かなり1 on 1にこだわっているのはこんな背景もあるんだっていうことを、ご認識いただけたら嬉しいです。

チームでやりたい5つのこと

キーワード　リーダーシップ、マネジメント

2022年8月15日
「最高のチームづくり・5つのポイント」

今日は、成果を上げる理想のチームワークについてお話ししようと思うんです。

そもそもチームって何かまとまってる感があるじゃない。でも、みんなで仲良くするのがチームかというとそういうわけでもない。やっぱり共通の目的に向かう集団であり組織なのがチームかなと思う。正確な定義はよく知らないけれど、**僕はチームを「共通の目的に向かって進む組織」と定義しているんですよね。**

これね、会社にいると忘れがちになるんですよね。人事異動では、会社の人事部が本人の希望と関係なく、異動を決める場合も多く、そうすると共通の目的をあんまり意識しないで、「人事に言われたから来ました」みたいになる。それはいかんのではないかなと思うのです。

余談なんですけど、「ディスカバリーチャンネル」に「覆面ビリオネア」というコンテンツ

があって、ビジネスで成功した大富豪が素性を隠してアメリカのある街に100ドルだけ持って、100万ドルレベルのビジネスを立ち上げるというドキュメンタリー企画があるんです。主人公が一人一人と面談してビジネスを作っていくわけですが、このリーダーがチームを作っていく過程がめちゃめちゃ楽しい。こんな感じで会社も共通のゴールを目指すべきなんじゃないかな。

でね、**チームの目的は一つだけど、メンバーはバラバラで多様性が確保されている方がいい**です。マネジメントの立場からすると、自分に似た人とかコントロールしやすい人がいっぱいいると楽だと思うんですけど、一方で、いろんな人がいた方が自分に足りないことができる。だからなるべく、バラバラで自分にないものを持っている人を集めた方がパフォーマンスは出てくるわけです。

僕も武蔵野大学アントレプレナーシップ学部を作るにあたっては、教員になってほしい方一人一人とお会いして、自分にないものを持ち、一緒に共通の目的に向かえる人をメンバーに誘っていきました。企業においても、人事が勝手に決めるんじゃなくて、マネージャーが自分でメンバーを選べるようにした方がいいと思うんですよね。いいなと思ったら、直接話して引っ張ってくるみたいな。

ヤフーは、マネージャーは常に1 on 1をしながら、メンバーにこんなキャリア、経験の希望があると、人事に投げるわけです。すると人事は、メンバーに「こんな人材ニーズが社内にあるけどどうですか？」と声をかける。これ、めちゃめちゃいいなと思います。

多様性を確保するという意味で一番よくわかるのはリーダーだから、リーダーがそういうところを意識してメンバー選びができるといいかなと思うんですよね。一方でメンバー本人の意思も尊重して、人事異動を丁寧にやっていくことも大事。

多様なメンバーを集めても、共通のゴールを持てなければチームはバラバラになっちゃいます。そこでリーダーは、共通のゴールを言語化して伝えることで、チームをまとめる必要があります。それから、心理的安全性を確保しながら、メンバーが活躍しやすい環境を整えることも大事。それぞれのメンバーと1 on 1をやって、しっかりコミュニケーションを図ることも忘れてはいけません。

共通のゴールをメンバーに伝える時は1対N人でコミュニケーションするだけでなくて、1 on 1でしっかり話す。それも、「徹底する」とか「詰める」とかじゃなく、メンバーに話してもらいながらコミットしていってもらうのがよいです。コミットして口にしてもらうと、人間はやらなきゃいけないという気になる。**やらされ仕事にしないで自分事としてコミットしてもらうのは超大事**ってことです。

あとは1 on 1のやりようなんだけど、マネージャーとメンバーだけじゃなくてメンバー同士でもやるとよいです。**イケてるチームはメンバー同士で1対1の関係をちゃんと持っている**んですよね。網の目のような1対1の関係を、マネージャーとメンバーだけじゃなくて、メンバー同士でも持ってもらうのが大事かなと思います。

それから最後は、**「達成したらしっかりハイタッチをする」**ということです。

もちろん、「ゴールを達成したらハイタッチ」というのもあるけど、例えばある人がこの企画を実行に移しましたというちっちゃな成功も込みで、達成したらみんなでハイタッチする。ハイタッチすると、オキシトシンという幸せホルモンが出てくるんですよね。

プロジェクトの最後だけじゃなくて、途中途中でそういうことをしっかりモニタリングするのが大事だし、あとは締め会とか月例会とか打ち上げとかで、パフォーマンスを表彰することもやった方がいいと思うんです。

逆に言うと、みんなで集まって何かやるのはハイタッチだけでいいかなと思うんですよね。あとはやっぱり1対1の関係とか、みんなでやることではないパフォーマンスの施策とかへの取り組みが結構重要なのかなと思うわけです。

ということで、**成果を上げる理想のチームワークでやるべきことは5つ。**

1番目は、ゴールをしっかり共有すること。これはチームとして成り立たせるために大前提になります。

2番目は、メンバーの多様性を確保すること。強みを活かしてゴールに向かえる、多様性を持ったチーム作りをする。

そして**3番目に、心理的安全性を確保した、来たくなる、言いたいことが言い合える環境作りを意識して実行していくこと。**

4番目に、1 on 1でしっかりコミュニケーションして、共通のゴールに向かうこと。

1 on 1はメンバーとマネージャーだけじゃなくてメンバー同士で網の目のようにやるといい。

それから**5番目に、達成したらみんなでハイタッチ**。ちょっとしたことがうまくいってもハイタッチ、何かあったらハイタッチするとチームワークが出てくる。

そんなことを僕は考えています。皆さんの理想のチームワークはいかがでしょうか?

メンターの大事な役割

キーワード　マネジメント

2022年11月11日
「コーチングの極意を素人だけど語るぜ」

昨日の放送で、メンタリングの話をしました（2022年11月10日「限界を突破する時のビビり具合を赤裸々に。」)。**メンタリングとは、「指導する側の社員であるメンターと、指導される側の社員であるメンティーが1対1で対話し、メンティーのキャリア支援などを含む社会生活や心理的ケアを行いながら成長を支援する人材育成手法」とされています。**

つまりこれは、いわゆるコーチングと近いです。コーチングの場合、対話を繰り返すことで気づきや正解に導くという手法の部分で、僕はメンタリングもコーチングも1 on 1もあまり区別してないんですけど、いわゆるスタートアップが事業を作っていく上での相談はメンタリングと言われることが多いです。

僕がどんな形でやっているかをご紹介しようと思います。

アクセラレータープログラムで知り合ってメンタリングしていたスタートアップとか、ＫＤＤＩムゲンラボでメンタリングしていたスタートアップが何社かあります。僕は事業創造のプロというほどではないのですが、プレゼン指導をしながら相談に乗ることは結構あります。僕が印象に残ってる機会が４回ありました。

１社目が、me:new（ミーニュー）さんという献立アプリをなさっている会社さんです。もうイグジットをされてる会社さんで、この間Ｍ＆Ａのご報告をいただきました。当時のme:newは、食う金を確保するために受託をやってたわけですが、本当は本業のアプリ作りに集中したかったそうなんです。僕には記憶があまりないんですけど、「今の状況で受託を続けているのは、ユーザーがかわいそうだ」って話をしたそうなんですよ。要するに、自分の作ったサービスに集中せい！っていう話だったと思うんです。その言葉が、三宅伸之社長（当時）に、ズキンと心に残ったそうなんです。三宅さんには、誰よりもユーザーのことを思ってやってるという自負があった。だけど、受託をやって集中できないっていうことになると、確かにユーザーがかわいそうだと思い、言われてから受託を止めて伸び始めたそうです。

２つ目として、医療系のスタートアップから「Ａという事業をやってて、これは結果が出てます。Ｂという事業は、私自身はやりたいんだけど今やってません。やろうかどうしようかみたいなことでモヤモヤしてます」みたいなプレゼンをされたんです。僕は、「それってＢをやりたいんじゃないの」「Ｂに対してどう思ってるの？」、そして「Ｂをやりたいって思ったら、素直にやればいいじゃん」って言ったようです。そうしたら、その方と半年後ぐらいにお会いした時には「もうBに集中することに決めました」みたいなことで、「伊藤さんのおかげです」と言われたんです。3社目も、似たような話でした。

で、一昨日のメンタリングでも「Aという事業をやって、これは受託から始まってるんだけどサポートしたら結果が出まして」という感じで相談されたんですが、「でも本当はBがやりたいような気がするんですよね」みたいなことでした。今度は2社目の医療系企業さんとは別に、Bはやりたいって言っているけど「Aをせっかく作ったから、やりたいっていうことでしょう。だったらAをやりながらBにつなげていけばいいじゃん」という話をしたんですね。2社目の事例とは、言ったことが逆です。要するに「そこをやったらいいんじゃない」って言って、「確かにですね」ってことで「しっかり結果を出してからBに行きます」と、納得されました。

結局、アドバイスしてるようで、アドバイスしてるんじゃないんですよね。ここが大事なんですけど、アドバイスじゃないですよ。その人の思いとかその人の感情を、鏡で返してあげたんです。あなたは今こういうふうに言葉としては言ってたけど、ここの話をしてる時はつまらなそうでしたよとかね。ここの話に未練がありそうでしたよとかね。ここやりたいって心の声は言ってますよということを返してあげてるだけなんです。だから**それをやりなさいとか、これはこうすべきだみたいな話は一切してなくて、あなたはそういうふうに言ってますよ、そう**

いうふうに見えますよってフィードバックしていくんですよね。そうすると、向こうはギクッと来るようなんです。

これは転職相談の時も同じです。事業展開にしてもキャリアにしても、僕がやっているのは、「あなたは表面的な言葉としてこういうふうに言ってるけど、どうも心の声としてここに何か未練タラタラっぽいよ」という観察結果を伝えてフィードバックしてるだけです。結果、向こうが「やりたいです」とか「こっちですね」と言うわけです。

僕は指導はしないです。正解もわからないし。だけど、**声色から判断される「きっとこう言ってるよね」という心の声みたいなのを嗅ぎ取ってそれを伝えるということです。**もちろん知ってる人がアドバイスする時はもっと知識を伝えるのがいいと思うんですけど、**僕は鏡となって心の声が何言ってるかを相手に伝えてフィードバックしてます。これがメンターとしてのすごく大事な役割かなと思う次第です。**

リーダーは2つの顔を持つことが大事

キーワード　リーダーシップ、マネジメント、1 on 1

2023年1月18日
「【炎の1 on 1】②ファシリテーターとしてのありようと、軸を明確にすること」

可能な限り、1 on 1シリーズを継続しようと思います。炎の1 on 1シリーズ、ボリューム2でございます。1 on 1は相手のメンバーのための時間であることを意識しましょうねと申し上げました。一方で、リーダーの意思もあるわけですよね。**「リーダーはファシリテーターでありながら、リーダーとしての意思とどう折り合いつけるんですか」**という質問をいただいたので、そこら辺について、今日はご説明します。

それはすごく大事な観点で、リーダーも一人一人、リーダーとしてのありようが違うんです。**リーダーも自分の個性を発揮して自分らしくリーダーシップを発揮しましょうね**っていうことです。まず1 on 1や会議でマネジメントする時にはファシリテーターになるわけです。**1 on**

1や会議ではメンバーの才能と情熱を解き放つためにファシリテーターに徹して意見を出しきることに集中しましょう。

一方でリーダーとしての軸はめちゃめちゃ大事で、自分はこんなことを考えている、こういうことをやりたいと思っているということを明確に出すのが大事です。

結局、チームとして何を目指していくの？というのは、一人一人を解き放ちつつ、チームとして持っている軸、ベクトルをリーダーが提示していくことだと思うんですよね。ファシリテーターに徹する時には自分の意向は完璧に消す。こっちに誘導しつつ……みたいなことをやらないんですけども、例えばキックオフとかで**「俺はこのチームをこんなふうにしたいと思っている」ということは、正々堂々とみんなに1対N人の場でそれを宣言することが大事**だと思うんです。

それは両立させるということです。つまり、チームが向かう方向には軸があって、目指すべき方向は一つ。それはラグビーでよく使われる**「One for All. All for One」**という言葉で表現できると思うんです。個人はみんなのことを考えながら行動しようね。みんなは一つの目的に対して行動しようね」ということですね。

目的は1つだけどその中で個人個人のありようはバラバラですということです。この2つの矛盾するような部分を両立させるのがマネジメントの仕事です。つまり、一人一人の有り様とかパフォーマンスを最大化できるためにどういうことに才能と情熱を解き放つかは、1 on 1

の場で開発していく、会議の場でもそれをもり立てるということです。結果、決まったことに対してやるのは目的のため、そのチームのゴールは1つなんです。

1 on 1の場で、メンバーが「リーダーが何を考えてるかを知りたい」と言う時は、正解を知りたいんですとか、僕がどんな姿を目指せばいいかという部分は自分で考えて自分の言葉にしてくれという話なんだけど、チームとしてどういう方向を目指したいかという部分は、リーダーが話していいということです。ここをごっちゃにしないってことは超大事です。

チームとしてのゴールは必ずあるわけで、チームとしてのゴールを達成するのがチームなんです。それがなかったらチームである意味がないんでね。

だからある意味、マネージャーとかリーダーは2つの顔を持っている必要があって、そのチームのゴールに向かっていくストーリーとか、全体として共有すべきこと、ミッション・ビジョン・バリューみたいなところは、1対N人にリーダーが自分の責任において宣言します。メンバーと1対1で話す時は、リーダーはサポーターに徹して相手の話を聞くということです。その違いを明確に意識しましょうということです。

今まであんまり強調してこなかったんですけども、軸を明確にして、俺はこう思うんだよね、と伝えていくことは超大事だということです。

リモートと対面は組み合わせることが大事

キーワード　リーダーシップ、マネジメント、1 on 1

2023年1月19日
「【炎の1 on 1】③僕が確信を持つようになったきっかけ」

炎の1 on 1シリーズ、今日は3回目ということで、なんで僕はここまで「1 on 1主義者」になったのかです。

1 on 1自体は僕、ヤフーに入る前からやってまして。1 on 1を意識したのは2011年、東日本大震災の後です。震災の2か月後にプラス・ジョインテックスカンパニーでマーケティング本部長に就任して、全体を統括することになったんです。マーケティング本部は大きな組織で、会社全体で600人なんだけど、そのうちの6割ぐらいがマーケティング本部だったんです。そこには営業の人もいるし、オペレーションをやってる人もいるので、全国各地に社員がいる。その全員を僕は知ってるわけじゃない。で、1 on 1したいということで、全国を回り始めたんです。全拠点に行って話をするまで2年ぐらいかかったんですけどね。

一方、ヤフーは、1 on 1を仕組みとして取り入れたんですね。僕は2015年にヤフーに移って1 on 1をやるようになったんですが、その頃は、会社としてやるからやるみたいなところは多少ありました。それからどんどん、1 on 1大事だねっていうふうに思うようになった。今では本当に、俺は1 on 1主義者です。**1 on 1なくしてマネジメントなしと言いきるようになったのは、実はコロナのタイミングなんですよ。**

コロナになった2020年3月末から4月にかけて、みんなが本当に引きこもったわけです。世の中のイベントっていうイベントが中止になったんですよね。で、ヤフーアカデミアも合宿を中止して、僕も時間が空いたんです。いろんな人が困ってるなっていうのがSNSでわかっていたんで、「オンライン1 on 1したい人、来てください」というふうに言ったら、すぐに6人ぐらいの枠が埋まっちゃったんですよ。翌日も6人分ぐらい用意したら、これも瞬間的に埋まっちゃった。そのぐらい人気があったんだよね。

僕は、いろんな人がいろんな話をしてくれるから、とにかく聞くだけだったんだけど、皆さん本当に喜んで「解決しました！」「言語化できて最高でした！」と言って帰っていくわけ。だから、話聞くだけで本当にいいんだなと。そんなことがあって、話すって大事だなって思いました。

もう一つは、ヤフーアカデミアも4月あたりはひとまず全部中止みたいな感じだったんですけど、その後、オンラインでやっていこうとなったことです。今までは対面でやっていた会議がオンラインにシフトしました。1 on 1も、今まで対面でやってたのがオンラインになりました。

この時僕は、本当に大きな発見をしたんです。

会議にしても1 on 1にしても、Ｚｏｏｍよりやっぱり対面でしょみたいな感じが、コロナ前はあったわけですよ。ところが、オンラインでも全然困らなかったんだよね。もちろん、初対面の人とオンラインで1 on 1をやるのはハードだと思いますよ。だけど、アカデミアの人たちとは人間関係ができているので、話をする分にはオンラインでも何ら困らないということに気づいた。かつ、1 on 1をしていれば、マネジメント上の問題は全然ないなってことがわかりました。別に、ヤフーの人がＺｏｏｍの会議に慣れてたとかということではありません。でも対面だろうがオンラインだろうが、1 on 1のクオリティは何ら変わらなかったっていうことなんですよ。

もちろん対面ですと、この人がどんな仕事っぷりか、どんなコンディションかっていうのを察知しやすいことはなくはない。だけどそういうのも、ちゃんとオンラインで1 on 1をしていれば何ら困らないということをこの時、本当に痛感したんですよね。

それ以来、ヤフーはずっとリモートになってるわけです。対面で集まる機会は、チームごとに自由に設定していいんですけど、集まってるチームはそんなに多くないはずです。会社に行くと、仕事をしてる人はそれなりにいるんだけど、チームミーティングは全チームが対面でやってる感じはないですね。アカデミアもこの間イベントがあったので集まりましたけども、基本、もう定例会議とかは全部オンラインだし1 on 1もオンラインでやってます。

マネジメントは対面だろうがオンラインだろうが1 on 1をしっかりやることなんだなって思ったのがでかいんです。

リモートワークでも1 on 1をやっていれば何の問題もなくマネジメントできるということなんですよね。そこがわかってるとコミュニケーションがうまくいかないから対面に戻ろうとか、そういう短絡的な議論がなくなってくるということです。

だから、**リモートか対面か、どっちかという話じゃなくて組み合わせが常に大事**だと思うんですよね。みんなで「イエーイ!」ってなりたい時は対面で集まればいいし、初めましての人は集まって対面でやった方がいいと思うし、そうじゃない日常の業務においてはリモートでいいじゃないかということだと思うんですよ。そこをちゃんと成り立たせるために1 on 1を活用しようぜということです。そんな話としてご認識いただければと思います。1 on 1なんて直接関係ないって言いきれる人は多分いないと思うんでね、引き続き、楽しみにしていただければと思います。

偉大なるリーダーはWhyから伝える

キーワード　リーダーシップ、マネジメント

2021年12月23日「Whyから始めよう。」

武蔵野大学アントレプレナーシップ学部で毎週1人、アントレプレナーをお呼びしていろんなお話を聞く授業があります。昨日のゲストは、ユーグレナの出雲充社長にいらしていただいたんです。講演のタイトルが「僕はミドリムシで世界を救うことを決めた」でした。本当に志の人で、500社に断られて501社目に伊藤忠商事から「それいいですね」って評価されて、ビジネスが初めて成立したっていうお話。他にもいろいろ素敵な話を聞いて、本当に涙なしには聞けないっていう。アントレプレナーに必要なのはこのマインドだよなって、強く改めて思ったんですよね。

ミドリムシで世界を救うことを決めたっていう志の背景には、なんでそう思ったのかというWhyがすごくある。彼はグラミン銀行を作ったムハマド・ユヌスさんの弟子だということで、

いろいろな話を聞いたり体験したりしながら、世界の人を幸せにしたいと思われて、その手段はミドリムシだって思って。ミドリムシを培養するのは不可能だって言われたのに成功して、ガンガンいろんなことにチャレンジしておられる。出雲さんのお話をおうかがいしてＷｈｙが大事だなっていうふうに改めて思ったんですよね。

それから、新庄剛志監督のツイートにこんなのがあったんですよね。

「たった今北海道日本ハムファイターズの監督に就任する事が決まりました。プロ野球の存在意義は そこの街に住む人達の暮らしが少しだけ彩られたり、単調な生活を少しだけ豊かにする事に他なりません その裏側に誰を笑顔にするのかを常に心に秘めて新庄剛志らしく突き進んで生きます！ ２０２１年10月29日」

素晴らしいですよね。Ｗｈａｔはプロ野球で強い球団を作るとかね、それからプロ野球でみんなが見たくなるようなチームを作るということですよね。Ｗｈｙは、その周りに住む人たちの暮らしがプロ野球によって彩られたり、単調な生活を少しだけ豊かにすることだっておっしゃってる。

僕も同じようなことを思ったことがあって。以前ね、ベガルタ仙台っていう仙台のＪリーグのチームを応援してたんだけど、その時、東北大学の学生が「ベガルタがない時は俺、東京に行こうと思ってたけど、ベガルタを応援するようになってからもう東北で就職しようと思った」って言ってるのを聞いて、「これだわ」と思ったんです。ベガルタがあることによって、そこの街が彩られるんだなって強く感じたんですよね。

僕の中学、高校、大学の同級生に電通のＣＭプランナーである澤本嘉光さんっていう、ソフトバンクの犬のＣＭとかを作られていて、カンヌ広告祭とかで何回かグランプリをとられている方がいます。その澤本さんが新庄監督のツイートに、「プロ野球っていうのをＣＭに置き換えたら、広告についていつも考えてることと同じなんだって気がついた」って反応してたんですね。広告も広告によって人たちの暮らしが彩られたり豊かになるって新庄監督と同じことを、澤本さんは思い、行動されていたわけなんです。

僕も、武蔵野ＥＭＣによって日本が少しだけ彩られたり少しだけ豊かにすることに貢献できればって思います。

僕がめちゃめちゃ好きな「ＴＥＤ」の動画で、サイモン・シネックという人が「Start with Why」でゴールデンサークルという話をしてます（ＴＥＤユーチューブチャンネル「サイモン・シネック：優れたリーダーはどうやって行動を促すか」）。

優れたビジョナリーリーダーはＷｈｙから考えるしＷｈｙから伝えるってことを、アップルとかの例で説明しています。僕、少なくとも５００回はこれ見てるくらい好き。

ゴールデンサークルは何かというと、まず、頭の中で三重丸を書いてほしいんです。その一番真ん中がＷｈｙ。その次にあるのはＨｏｗ、そして一番外側がＷｈａｔです。「何をやるのか」がＷｈａｔで、「どんなふうに」がＨｏｗで、「なぜ」はＷｈｙです。普通の会社はＷｈａｔを大事にするし、Ｈｏｗを伝えるんだけど、**偉大なる会社なり偉大なるリーダーはＷｈｙから伝える**ということをサイモン・シネックは言ってるんですね。

動画を要約しながら紹介します。

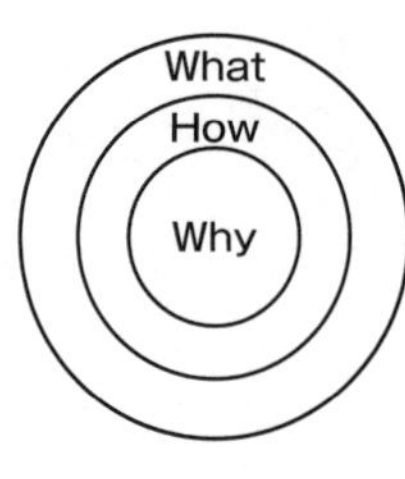

If Apple were like everyone else, a marketing message from them might sound like this: "We make great computers. They're beautifully designed, simple to use and user friendly. Want to buy one?"

"Everything we do, we believe in challenging the status quo. We believe in thinking differently."

アップルが他の会社と同じだったら、「我々は素晴らしいコンピュータを作った。美しいデザインで簡単に使えてユーザーフレンドリーだと。一ついかがですか」って、ほとんどの会社のように伝えるんだけど、アップルは「我々のすることはすべて世界を変えるっていう信念で行っています」と伝える。

要は、我々がすることはすべて世界を変える、常識にチャレンジするっていう、そういう信念でやってますと。違う考え方に価値があるっていうふうに信じてると。

The way we challenge the status quo is by making our products beautifully designed, simple to use and user friendly.

「我々が世界を変える方法は、美しくデザインされ簡単に使えて親しみやすい製品なんです」っていうことで、最初にＷｈｙが来てＨｏｗが来てＷｈａｔのその製品が結果としてこうなったと。

We just happen to make great computers.

「こうして素晴らしいコンピュータが出来上がりました」っていう、こういうメッセージになるんだということですね。

だからアップルはＷｈｙから伝えてる。ここでも、Ｗｈｙはやっぱり大事なんだなということです。

僕は、なぜ我々はＥＭＣを作るのかっていうＷｈｙを、普段から考える必要があるということですよね。ＥＭＣで言えば、Ｗｈａｔの部分は「実践大事」とか「教員は実務家」とか「寮に一緒に住む」とかっていう話。Ｈｏｗは「好奇心がどんどん増す」とか「ディスカッションによって理解が深まる」とか「やってみて振り返って気づいて、またやってみるってサイクルを作る」とかです。

で、それは何でやってるかというと、「個人が自分の想いをしっかり形にしていくことで、世界はもっと幸せにつながるって思うから」なんですね。そういうWhyがあるわけです。

僕は作家としてはピン芸人ですが、学部長というところではリーダーとして活動してるわけです。**リーダーとしてチームのみんなをリードしていく上では、Whyをちゃんと共有することは大事です。ただね、Whyだけを共有しても駄目で、Whyが、How、Whatの部分とどうつながっているのかをしっかりちゃんと捉えることを常に僕は意識してるし、そこをみんなに伝えてるし、そこのコンセンサスを得ようって意識してます。**

僕は最近、自分の中でリーダーシップがすごく増してるなって思っていて、それは、Whyを考え、それとHow、Whatをつなげることができるようになってるからなんですよ。

皆さんも、常につなげながら人に伝えていくことを、ぜひ考えてみられるといいんじゃないかなと改めて思う次第です。

マネジメントはコミュニケーションの問題解決がカギ

キーワード　リーダーシップ、マネジメント、1 on 1

2021年8月19日
「1 on 1ミーティング。一番大事なことをお話しします。」

僕、グロービスで2週間に1回授業をやってまして、それが「パワーと影響力」という科目なんです。

自分のパワーを使ったり使わなかったりしながら、どう相手に影響を及ぼしていくかという話。自分の思いを実現するには、人に動いてもらったりしながら自分のビジョンなりチームのビジョンを実現していく行動が必要で、その行動に関することを3か月のコースとしてやってます。すごいいい科目設計なんですよね。

僕が大変尊敬するグロービスの学長の堀義人さんがハーバードに留学されていた時、一番役に立ったのは「パワーと影響力」という科目だったそうなんです。そこをグロービス流に料理して、自分たちで設計してやることにしたという科目です。僕が卒業した後でこの科目ができたんですけど、名前と概略を見て、これはどう考えても自分がやんなきゃいかんだろうということで、グロービスにこの科目を担当させてくださいってお願いして、5年以上やっています。

この科目、マネジメントとかリーダーシップという話も当然出てくるんですよね。で、マネジメントで大事なのは1 on 1だということで、1 on 1はかなり時間をかけて話をしてます。マネジメントは、チームをゴールに導くために何とかすることだから、例えば勤怠をチェックするとかそういう仕事も、調子悪い人を見つけて、いち早く働きかけるためにやってるんですよ。「管理する」というとなんか印象悪いんだけど、前向きにチームとして仲間としてゴールに導いていくという、そういう楽しい目的があるんだということです。

結局、コミュニケーションの問題をしっかり解決していれば、マネジメントって大抵うまくいく。思い浮かべてほしいんですが、**チームで仕事する中で何か困ったことが起きるって、人間関係とかコミュニケーションがうまくいかないとかがすごい重要な要素だと思うんです。**

ブイキューブというウェブ会議の会社の間下直晃社長（当時）から聞いた話です。間下さんはシンガポールに住んでるのですが、海外展開をしていく中で人と直接会うことを重視しているそうです。ウェブ会議の会社なんだから、ウェブ会議でコミュニケーションすればいいじゃないですかって言ったら、「1回は会った方がいい」ということで最初は会いに行き、その後ウェブ会議でやると。

ヤフーは1 on 1というマネジメントスタイルを、日本に大々的に持ち込んだ会社として知られてますね。

ヤフーでは全社員週1回30分ぐらい1 on 1ミーティングを行います。それが叶わない場合は2週間に1回になることもあるけど。だから直属のメンバーが15人とかいたりすると成り立たないんで、**ヤフーは1チーム5、6人までということで制限して、それ以上多くなる場合はチームを分けてリーダーを立てます。**だから、リーダーが増えちゃうところはあるんですけど、それでも1 on 1をちゃんとやった方がいいということでした。

これは、マネージャー側もプラスになることがあります。メンバーがどんなことを考えてるかが知れるし、あと自分がマネージャーとして言いたいことをちゃんと伝える場にもなるので。ただ、1 on 1はメンバーのための時間です。仕事や職場での人間関係、プライベートなどで抱えているモヤモヤを話すことでメンバーはだいぶ楽になるんですよ。**解決策を得られなくても、自分の頭の中で無限ループしているモヤモヤを人に話すだけで、概念として言葉としてまとまって、ある意味で抽象化してるんですよね。**

壁に向かって話してもやる気が起きない一方、人が聞いてうんうんとか言ってうなずいてると、やっぱり話をまとめようとするじゃないですか。だからマネージャーは聞くだけでいいんです。うんうんって言うだけだったら芸がないよねっていうなら、「それでどう思ったの？」

とか「何でそう思ったの？」とか「どうしたらいいと思ってる？」とか「いつまでにやる？」とか5W1Hで広げたり深めたりする。そうして、メンバーが、より考えるきっかけを提供することです。

たくさん喋ってもらうのがすごい大事です。メンバーは自分でさほど振り返れているわけではないので、「それは」とか「他には」とか「もうちょっと深掘りして言うと」みたいに説明するうちに抽象化される。その手助けをするために、マネージャーは質問するんです。

あとはフィードバック。

相手に主体的に考えてもらって、言語化してもらって、決断して、それを行動にいかしてもらう時間だったりするわけです。自分で気づきを得て自分で決めてってもらうっていうことですね。主体的に仕事してもらう以上は自分で全部話して答えを決めて、自分で踏み出してもらう。マネージャーが喋る量は10％ぐらいにして、メンバーにたくさん喋ってもらえるようにサポートするのが、マネジメントとして、コーチとしての役割です。

今日も1 on 1についてお話をしました。

マネージャーは「何とかする人」

キーワード　リーダーシップ、マネジメント

2021年11月4日「マネジメントの極意」

最近、マネジメントとかエンゲージメントについて話してくださいという依頼が増えてきています。徐々にそっちに社会の興味、関心が移ってきているということです。これには理由があって、全般的にビジネス界においてリーダーシップが不足していると。**大企業の中において、リーダーという立場でリスクを取って踏み出していく人がすごく少ない**のでどうにかしてほしいと、講演依頼が来るんですよね。どうにかしてほしいと言ったって、大企業で働いてるとリーダーシップをとりたいとは思わないわ、という方が多い中で、僕はとにかく自分の人生を歩こうぜという話をするわけです。

そして、コロナになった辺りで「リーダーシップとマネジメント」というお題でリクエストをいただくことが非常に多くなってきているんです。わかりますよね、何となく。

要するに、コロナでリモートワークが増えてきて、オンラインでどうやってマネジメントをしていくの？というところが主要なテーマになってきてるんですよね。世間的にはリモートが多いし、リモートをちゃんとやらないと採用もあんまり進まないし……ということもあって。でも出社してほしいみたいな。そんな中でマネジメントをどうやってやっていくのかが、企業さんが苦しまれてることなんだと思うんです。今、お題が来ているということは半年前ぐらいに企画してるわけだから、コロナになって1年ぐらいは本当にマネジメントに困っていたんだと思うんです。

マネジメントについてお話ししたいんですけど、マネージすることは「管理する」というふうに思うじゃないですか。だから「マネージャー」は「管理者」になるわけですよね。でもそれはそうじゃない。そうじゃなくて、**「マネージ」には「何とかする」という意味があります。**だからマネージャーっていうと偉い人みたいに感じられる方もいるかもしれないですけど、「何とかする人」と考えればいいと思います。もちろん何とかする中に管理することも含まれるんですけどね。

何とかするというのは何を何とかするねんという話なんですけど、チームでゴールを達成していくためにリードするし、マネージするしということなんですよ。だから「何とかする」というのは何かというと、**チームがゴールに向かって達成していくためにできることを何でもす**

ることで、何とかするのがマネージャーの仕事だと思っています。

これをポンチ絵で見ていただくとこんな感じです。**チームをゴールに導いていくのがマネージャーであり、リーダーの本当に唯一、最大の仕事です。**だから「チームをゴールに導く、以上」なんですよ**（図①）**。

ゴールのところでは何をするのかというと、ゴールを設定し、チームに共有するのが仕事ですよね。それから、プロセスを明確にして導くことです。そしてチームのところではチームの力を最大化することが仕事になるわけです。

「どうしたらチームの力を最大化できるか？」というと、環境が一つ。「安全・安心な職場にする」。つまり心理的安全性が確保されている職場、ということですが、これは来たくなる職場である、言いたいことが言えるというのが安全・安心な職場ということです**（図②）**。

そういう環境を作った上で、「個人の才能と情熱を解き放つ」のが大事ですね。

チームの力を最大化するためには、環境を整える、個人を解き放つという2つが大事。**社員の「個人の才能と情熱を解き放つ」のは人事部の仕事じゃなくてマネージャーの仕事。**だって、人事部は全体の底上げはやるけれども、個別の社員の状況はわからないじゃないですか。

今申し上げたように**「ゴールを設定してチームで共有する」、それから「プロセスを明確に**

し導く」、チームに対して「安全・安心な職場にする」、それからもう一つ、「個人の才能と情熱を解き放つ」。この4つがマネージャーの仕事だということなんですよね（図③）。

その時にマネージャーとしてはやっぱり、1対1でコミュニケーションをとらないとわからないところがあるわけです。

図①

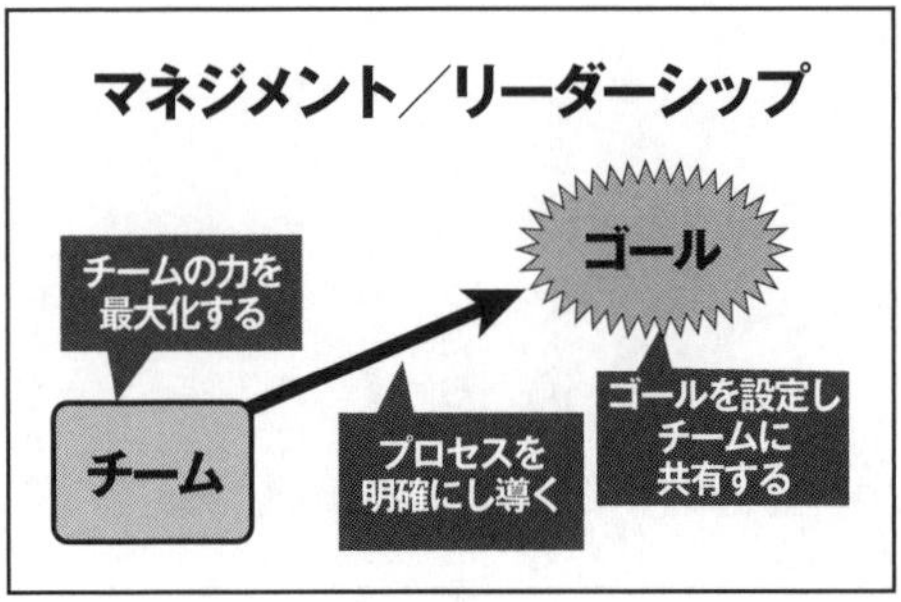

マネジメント／リーダーシップ

チームの力を
最大化する

ゴール

チーム

プロセスを
明確にし導く

ゴールを設定し
チームに
共有する

図②

どうしたらチームの力を
最大化できるか

安全・安心な
職場にする

個人の才能と情熱
を解き放つ

図③

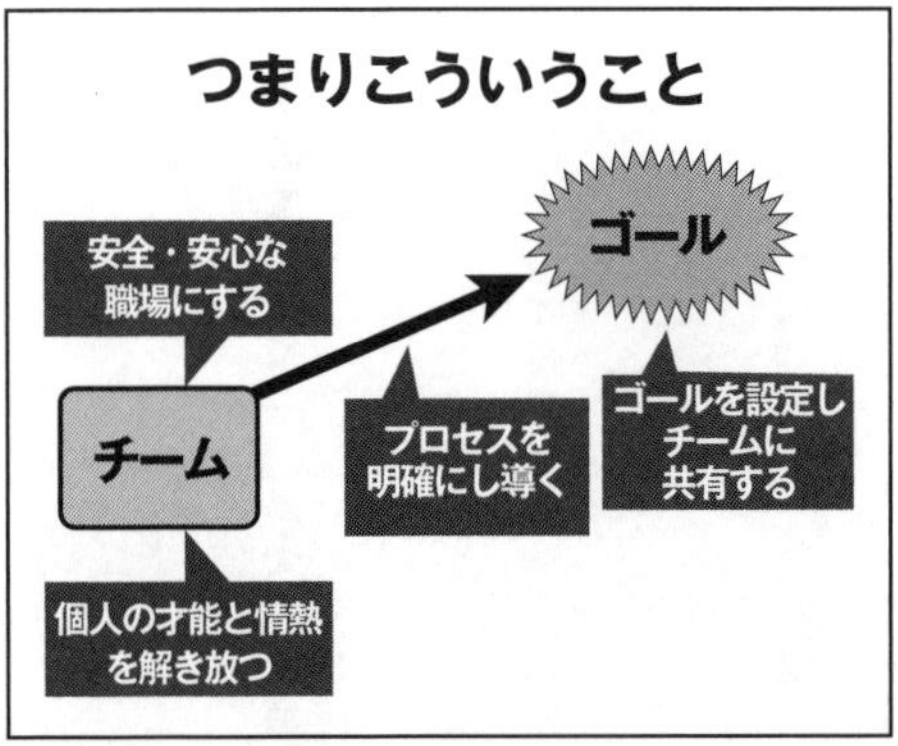

つまりこういうこと

ゴール

安全・安心な
職場にする

チーム

プロセスを
明確にし導く

ゴールを設定し
チームに
共有する

個人の才能と情熱
を解き放つ

図④

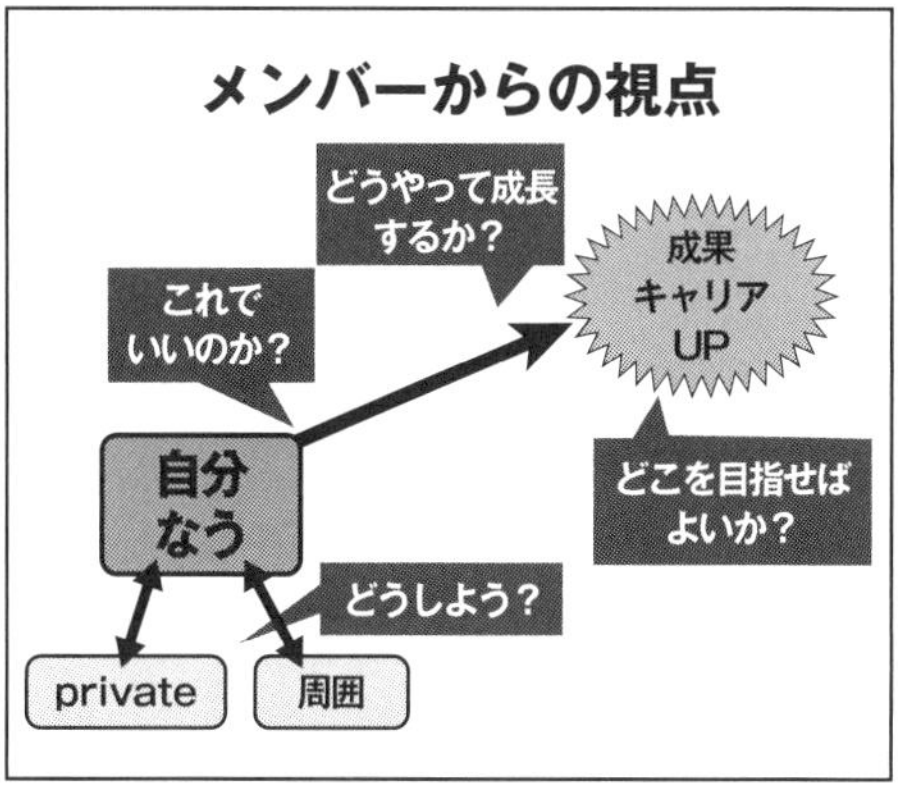

メンバーからの視点

これでいいのか？
どうやって成長するか？
成果 キャリア UP
自分 なう
どこを目指せばよいか？
どうしよう？
private
周囲

図⑤

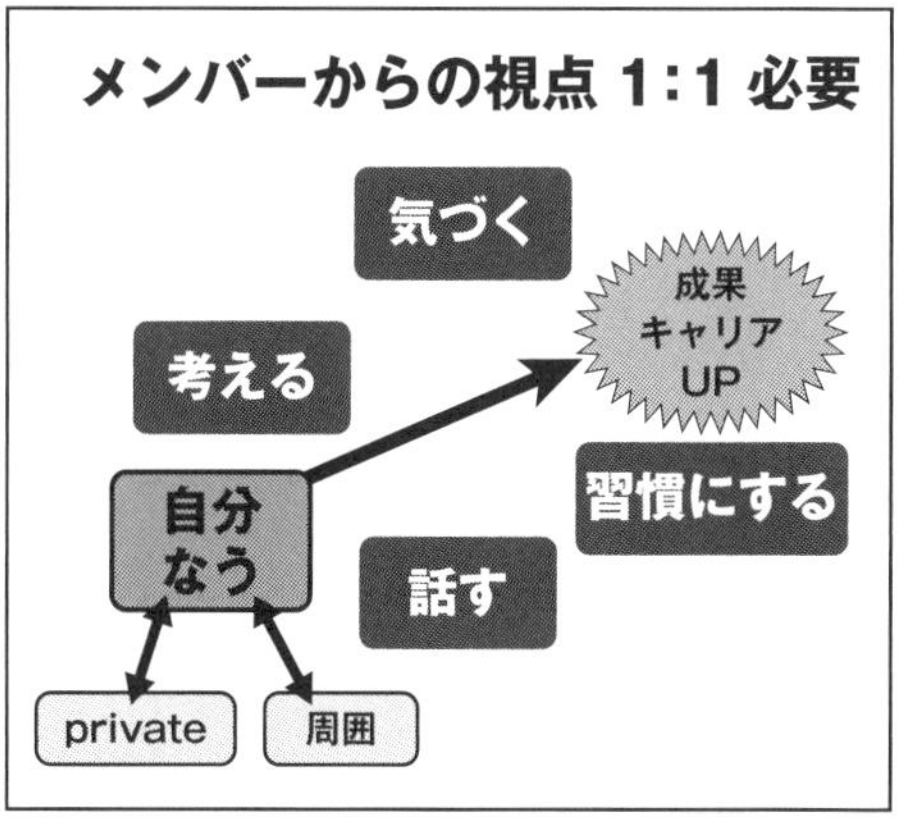

メンバーからの視点 1:1 必要

気づく
考える
成果 キャリア UP
自分 なう
習慣にする
話す
private
周囲

例えば進捗度合いとかは一人一人違うわけだし、安全・安心の感じ方も、ゴールに対する認識も人それぞれ違うわけで、「何とかする」というのは、1対1のコミュニケーションをしながら、みんなが困っていることとか思いとか、やらなきゃいけないことの認識合わせとかをやっていくのが重要な仕事になってきます。

メンバーとしても、今やってる仕事はこれでいいんだっけとか、どうやって成長するんだっけとか、周囲との関係どうしようとか、めちゃめちゃ悩んでるわけです（図④）。

メンバーに話して、考えて、気づいて習慣にしてもらうという行動を回していくには、メンバーが悩んでること、今モヤモヤしていることは人それぞれ当然違うので、1対1のミーティングをすることで解決していくのです（図⑤）。だから1 on 1ミーティングがすごく大事なんだということですね。

メンバーが認識をクリアにしたり、モヤモヤを晴らしたり、自分を解き放したりするステップをサポートするのが1 on 1ミーティングで、メンバーのための時間だということをぜひ意識してみてください。

とにかく一生懸命話を聞く、ということを通してチームがゴールに向かっていくサポートをしていきましょう。

リーダーはまず自分が熱狂しよう

キーワード　リーダーシップ、マネジメント

2023年7月11日「リーダーシップ」

僕は、よくリーダーシップ研修をするんですけれど、『リーダーシップの旅』（光文社新書）という本で野田智義さんが、リーダーシップは元々「Lead the self」「Lead the people」「Lead the society」と3段階あるんだという話をしています。要するに、リーダーシップの「シップ」は、ありかたとか精神ということでしょ。リーダーのありかたなんですよ。じゃあ、何をリード、導くのかというところで、その対象はいろいろあるということです。最終的には社会をリードするという存在になってほしい。そんなにでかい話ではなくて、向こう3軒両隣がリードされたらそれは社会であって、自分とか自分のチームじゃない何かがリードされていたら「Lead the society」になると思うんですよね。

例えば、道に雪が降ってみんなそこで滑るという時に、通常は清掃の人が雪かきをしてくれるけどまだ来ないから、そこにいる人で集まって雪かきをしようといって会社の前がきれいになりましたと。そしたら両隣のビルの人たちも「俺たちもちょっと雪かきしようぜ」っていうふうになっていって、そこの通りを歩いた人はみんなハッピーになったら、それは「Lead the society」ということなんだと思うんです。

自分とか自分たちのチームだけじゃない「社会」をリードしていく、そんなリーダーになってほしいよね。それはどうしたらできるかというと、やっぱり1人ではできないわけ。だから「Lead the people」で人々をリードするリーダーになってほしいということです。

そのためにどうしたらいいかっていうと、**やっぱりみんなから信頼されていないと人々を導くリーダーにはなれない**ですよね。

例えばリーダーとしてメンバーに「みんな、このプロダクトやろうぜ」って言うとします。そのプロダクツは社長から言われたもので、メンバーはみんなそれをやることにブーブー言っているという状況の中で、「嫌ですよ。そんなのやりたくないですよ」と言われた時に、**「やろうよ、俺だって嫌なんだけどさ、上がやれって言ってるから」みたいな感じで言ったら、明らかにみんなどっちらけみたいな感じになっちゃうんですよ。**

だから**「Lead the people」のためには、やっぱり自分自身をリードしてる、自分自身が熱狂してるというようなことが必要**になるんですね。

当たり前だとはいえ、会社勤めをしていると、やりたくないけど上がやれって言うからしょうがないよね、みたいなことって多分いっぱいあるわけですよね。できる限り自分自身の想いとシンクロしていったらいいわけなんですけど、必ずしもそうじゃない時に、自分の意思に従って仕事をリードしていくのはすごい重要なことになってくるわけですよ。

「Lead the self」。自分自身を熱狂させるリーダーにまずなろうぜっていうことですね。人々を導くリーダーって、「結果として人がついてくる」ということなんですよね。

まず自分自身がリードされない限り、人なんてついてこないっていうことですね。

これは会社勤めだと勘違いしちゃったりするんです。なぜならば、人事異動で既に部下が5人いるチームのリーダーになったりするからです。本来であれば自分が何かを始めてそれにみんながいいねと思って「Lead the people」になっていく流れですよね。何より、自分自身を熱狂させようねと、僕はいつも言っています。

それと同時に**自分のキャリアを考える上でも「Lead the self」は言える**と思うんです。自分自身をリードさせて自分のキャリア、自分がやりたいことに進んでいく。だから自分自身の心の声に従う。スティーブ・ジョブズも言っていますけど、「自分の本能と直感に従え」と。

だから**何よりリーダーにとって大事なのは、結果としてコミュニティ、社会をリードしていくことで、そのためには人を導く。そのためには自分自身をリードしていることが超大事**だぜと。自分のキャリアを考える上でもそうだぜという話をしてるし、それが結局リーダーシップって言われてるものにつながっていくと思うわけですね。

で、皆さん、どうですか？　自分自身をリードできてますかっていうことですね。それは僕も常に自分自身に問うてるわけなんですけど、ともすると他人の人生を生きたりしようとしちゃうわけですよ。

ジョブズはスタンフォードの卒業式のスピーチの中で"Your time is limited, so don't waste it living someone else's life."「あなたの時間は限られているんだ。他人の人生を生きて無駄にするな」ということを言っています。もうまさにその通りで、これが結果としてリーダーシップにもつながるし、社会を動かすということにもつながるんだと思います。

改めてリーダーって何だろうと考えた時に、決して会社の言うことを言って聞かせる人じゃないですよね、自分自身の思いに従って自分をリードして人を動かせる人。社会をリードできる人。そんな人でありたいよなといつも思ってるのでそれを皆さんにもご紹介しました。

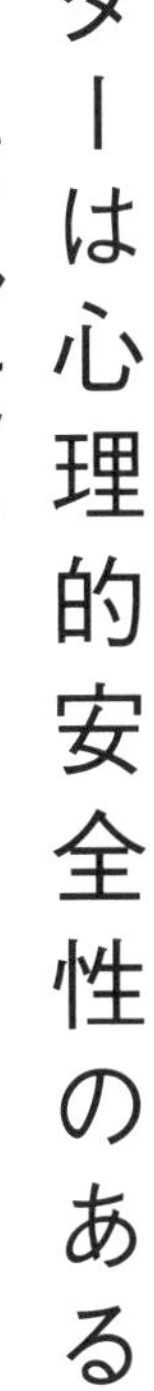

リーダーは心理的安全性のある場作りをしよう

キーワード　コミュニケーション、リーダー、マネジメント

2022年4月26日「リーダーの仕事は場づくり」

武蔵野EMCでは高校生オンラインゼミという学びの場を提供しているのですが、その司会進行、企画を全部、1期生に任せてみました。それで、これって本当にリーダーの仕事だなっていうふうに思いました。昨今の「FREE, FLAT, FUN」の時代のリーダーがやることといえば、場作りなんだなって改めて思ったわけです。

僕は「教えて育てる」みたいなことって一切やってないなとすごく思うわけです。僕らはインタラクティブにアクティブラーニングでやっています。**アクティブラーニングでインタラクティブな学びを作るっていうのはどういうことかというと、すなわち、内省と対話と議論の場作りをしてるんですよね。**教員は場作りをしてる。だから、教員は授業の時間は教師じゃなくてファシリテーターとして機能してるという印象があります。

俺たちがやっているのは教育じゃなく場作りをしてるんだなと思って。場を用意し、学生たちはその場で自分たちで考えて、対話して、議論すると。こういうことをやっているんだなと改めて気づいたわけです。

リーダーが、上意下達で「こうですよ」と言う局面は確実にあります。なんだけどトップが何かを指示して、みんなが聞いて「わかりました、ラジャー!」って動くのが良い組織かっていうと、もはやそういう時代じゃないわけです。

いろんなところでものが行き渡って、意味が重要になっているこの世の中においては、情報を上から下へ流すという話じゃなくて、やっぱり働いてる人たち一人一人がフラットに考えてものやサービスを作っていくことができるといいということです。完全にフラットにできるとも思えないんだけど、フラットに対話と議論を行う場があると非常にいいかなと思うんです。

学部では、先生が学生に対して「正解を教えます」と座学でやる場は全然ないです。対話と議論をする場をひたすら作り、ファシリテートしてます。

そうやって考えるといろんな場で**「組織はフラットであるべし」**と思うわけです。みんなでガチャガチャ話しながら新しいものを作っていくと。あれやこれや話をしていくとそのチームはうまくいくとすると、**リーダーは場作りをするのがすごく大事な仕事**になっていくわけですね。最近流行りの「心理的安全性」が確保された場所。来たくなる職場であり、言いたいことが言い合える職場、だからたまには耳が痛いことも言うんだけど、言いたいことを言える職場を作るのがすごく大事になってきます。

もちろん他にもやることはありますよ。ゴールを設定するとか、それをみんなに周知するとか、進捗をマネジメントしながら導いていくとか、そういう機能も必要だし、従業員一人一人の才能と情熱を解き放つこともリーダーの仕事ですが、**心理的安全性が確保された場作りをしていくのはリーダーの非常に大事な仕事**で、場がうまく機能したらみんなで勝手に議論をして勝手に作られていくというようなことかなと思うわけです。

教員グループも学生たちもそういう感じで、オンラインゼミとかを勝手に企画して進めていってます。

リーダーになって役職がつくと、自分がみんなよりいろんなことを知っていなきゃいけないんじゃないかとか、リーダーシップを発揮して、「こっち行くんだ!」とか決め付けてみんなに言うことをきかせないといかんのじゃないかと勘違いされる方がいらっしゃるんですけど、そんなこと全然必要なくて、場を作るということ。場はやっぱりリーダーを必要とすると。みんな勝手にいるんじゃなくて、議論が好きな人も嫌いな人も、Aの方向を向いてる人もBの方向を向いてる人もいっぱいいいるわけですよ。そういう中で**対話と議論がしっかりとなされて、みんなが心理的安全性を感じて言いたいこと言いながら、それでも最後はリーダーの決定に従って進んでいくチームが最強なんですよね、**多分。そういうチームを作っていくことが仕事になってくるということです。

人の夢を否定しないで、みんな言いたいこと言える。その代わり、「それは違ってると思う」みたいなこともストレートに言える、みんなが好きにフラットにディスカッションできる場を作る。そんなことがリーダーの仕事として非常に大事じゃないかなと思うわけです。

場作りをする上で、一人一人がどんなことを考えてるかを把握することはとても大事で、1on1で一人一人のことを知って場を作っていくことがリーダーとして重要な仕事になっていると、今日はそんな話をさせていただきました。

第6章

頭の回転をよくする思考を学ぶ

僕の報告準備の手順を紹介します

2020年12月13日
「予定が詰まってるのはいかんよね！」

キーワード
日々の業務、ロジカルシンキング

　ここでは、**報告・連絡・相談をやっていく上で必要なこと**を考えてみます。改めてなんですけども、メモから入るということが重要だと思います。説明する上で、最終的にはパワポを使いながらやっていくとしても基本的にはメモで、レポートパッドでチャカチャカと書いていきます。

　1番目にゴールを明確にすることですね。例えば1時間とか1時間半で打ち合わせをすることによってどこまで到達すべきか。僕は何を伝えたくて、相手に何を理解してもらって、どんなことを考えてもらって、共通のコンセンサスはどういうところかを明確にする。

　2番目に、相手はどんな状態だろうと分析します。

　どんな話を聞きたいんだろうなとか、どんなふうに提案されたいんだろうなとか、どんなテンションとかエネルギーを僕に期待してるんだろうなと考えます。

その上で、**打ち合わせで報告したいこととか相談したいことをランダムに書きまくり、枠組みで整理**する。過去のこれまでやってきたことを共有した上で、今現在、考えてることを伝えて、未来はどうしていくかを確認し合うということだと思うので、**「過去」「現在」「未来」という枠組みになるわけです。**そこに挙げていったメモをペタペタ、プロットしていくのです。

「過去」の報告では、できたんだろうか、できなかったんだろうかみたいなことを評価することが大事になります。本来、もっとこうしていかなきゃいけないのにできなかったとか。それから次に「現在」では、「今、こんな課題を抱えています」「こんなふうに進んでいるのでこんなふうにフォローしてくださいね」みたいな方向感を共有します。「現在」なので、可能な限り具体的な話に落とし込めるといいわけです。全体感を踏まえながら、これとこれとこれを押さえておく必要ありますよねという枠を決めてそこにプロットしていくことが重要ですね。

だから過去、現在、未来で分けてから、例えば「過去」について項目を挙げて、時間軸で分けても項目で分けてもいいので、○△×で評価していく。

「現在」では今、重要なことを3つぐらいに大きく分けて、その中でさらにこういうこととかありますよね、みたいに並べていく。「現在」では方向感を合わせて、コンセンサスを得るのが何より大事だと思うんです。僕が今やってる報告・連絡・相談に関して言う。

じゃあ「未来」はどうかというと、「現在」を踏まえた上で、自分の意見を言って、「あなたはその未来についてどんなことを考えてますか」と聞く時間かなと、僕は位置づけています。コンセンサスはその都度、案件ごとにやっていけばいいわけで、未来の方向で1個1個のアイディアに関してコンセンサスを得る必要はないわけです。例えば3年後の話は、今コンセプトをガチッと得る必要はなくて、お互い考えを共有してディスカッションしましょうみたいな時間にするのがいいかなと思います。

何となくパワポを打ち始めて、何となく今までやってきたことを並べることでやってもそれなりの報告書にはなるわけなんですけど、絶対ここは共有しておきたいとか、絶対ここはいろんな意見を聞いておきたいとか、これだけお願いしておきたいとかというところが、漏れちゃう可能性があるわけです。相手のOKを取ることだけを考えてもいまいちなので、例えば、「過去」「現在」「未来」の枠組みの中で、「過去」はこんな感じでプロセスで分けてみようかとか、「現在」はこの切り口で分けてみようかとか、「未来」はこんなふうに考えてみようかっていう箱を決めた上で、「過去」に関して評価する。「現在」は方向感についてコンセンサスを得る、「未来」については意見を聞く、みたいなことかなと思います。

これが正解ってことじゃなくて、自分のやり方、これをぜひ意識しながら、思い出しながらぜひチャレンジしてみてください。

僕が50を過ぎて頭が働くようになった理由

2022年3月3日
「僕が50歳あたりから頭の回転が速くなった理由をお話しします」

キーワード
日々の業務、ロジカルシンキング

2月中旬から3月中旬まで、そこかしこ回ってワーケーションしてます。大学は1年次が終わって落ち着いたので、寮にはあんまり戻らず、旅するように生きようということで。先週は飛騨高山に行っていたんですけども、今週は強羅（ごうら）に来てます。

僕、50歳を過ぎてから頭が働いてしょうがないんですよ。ここ数年、頭が働くからピキピキいろんなことができるようになってきてるんですよね。

10代は普通だったんですよ。で、大学受験は浪人しまして、その時だけ真人間に返ってめちゃめちゃ勉強したら東京大学に入ったんです。当時はもうめちゃめちゃ記憶力が良かったんですよね。で、20代でメンタル病んで、28歳ぐらいに復活して、38歳ぐらいまでめちゃめちゃ仕事しました。

39歳くらいで、あまりに仕事の効率が悪いし思考力ないなと思って、グロービスに行ったんです。それでもあまり仕事できるって感じもしなかったし、思考力もあまりなかったんですよね、だから、頭いい人と喋るとものすごいコンプレックスを感じてたんですよ、50歳ぐらいまで。だけど、50を超えてからなんか、すごい頭が働くんですよね。人と話しても、「それはこういうことだよね」という発言が結構イケてたりするんです（自分比です。笑）。

なぜ**頭が働くようになったのか**というと、いろんな要素がありました。

ファクトの積み上げ、経験の積み上げをしたというのが1つ目にあります。

例えば一時期は、夜の1時ぐらいまで毎日仕事してて、朝6時に起きてまた仕事をするみたいな時期がありました。そうすると、やっぱりインプットは増えるんだよね。それが、すぐではなくても、多分今の頭の働きの良さにつながっていると思うんです。

2つ目に、環境を変えまくったというところがあります。

僕の場合、銀行からプラス、プラスからのヤフーと、連続性がないようなところで仕事したことが成長の要素になったのかなと思います。

あと、僕の中で大きな経験だったのは、アホみたいに仕事してきた部分をグロービスに通って整理したこと。**クリティカルシンキングで、自分がやってきたことを構造化できるようになっ**

た。それが、今になって骨組みみたいなものになってきたかなと思う。

3つ目に、いやがおうでもリーダーシップをとらなきゃいけないことが、2019年ぐらいからずっとあって、そういう環境に身を置いてきたところはあります。


それらを踏まえて、この5年、何をやってきたかというと3つあります。

1つ目は、無理やり決めたということ。

例えば今も、4月の何日かまでに授業を作らなきゃいけないわけですよね。そのためには、これとこれをやって、これを読んでもらって、こういうふうにやろうかとか。

つまり言い換えると、アウトプットしなきゃいけないっていうことです。

アウトプットしなきゃいけないから、どんどん頭が働くようになるということです。

知識としてはこうですというのは学ぶだけでは面白くないじゃないですか。そうじゃなくて、ストーリーを作らなきゃいけないとすると頭を働かせなきゃいけない。決めなきゃいけないから自分の頭が働くようになったというのが1つ。

それから**2つ目は、自分の中で問いを立てて答え続けたということ。**

これは何か、「What is ○○?」という問い。そもそも〜とは何か、そして、「So what」ですね。僕はこれをいつも問うんです。

例えばウクライナの話にしても、この状況はそもそも何か?とまず考えるんです。それから

「つまり、これはどういうことを生むの？」ということを考える。そういう問いを立てるってことがめちゃめちゃ習慣になっているんです。

3つ目は、インプットする前に自分の中で世界を作るということをやってました。

僕ね、驚くほどインプットが少ないんですよ。で、インプットしても、それを自分の思考に影響させないんですよね。

他の人は、「誰々さんはこう言った」みたいなところを参照しながら、話を組み立てるじゃないですか。研究者はそうじゃないと駄目だし。それはそれで素晴らしいんですよね、根拠があるから。

だけど、僕は人に何かを話す時に、人が言ったことを根拠にしないんですよ、基本。基本的には「俺がこう思う」「俺がこう経験した」「だからこういうふうに思う」みたいに、俺主語でやってるんですよね。「スティーブ・ジョブズがこう言った」みたいなことはあるけどね。

『ITビジネスの原理』（NHK出版）、『プロセスエコノミー』（幻冬舎）などの書籍の著者である尾原和啓さんと話している時、「有識者は基本、誰々が言ったとか、こういう定説だとかっていうことに基づいて話をするけど、伊藤さんは違うよね。自分っていう話で言うよね。これ、『何々がこう言った派』の有識者から見ると怖いと思うよ」って言われて、ああ、そうなんだと思ったんです。

「つまり、俺の経験でこうだからみたいなのはある意味、理屈無視みたいだけど、でも論理構造をちゃんとできるのって最強だよね」みたいなことを言われて、それは非常に自分の武器だなと思うわけです。

1番、自分が決めなきゃいけない、アウトプットしなきゃいけないから、頭を働かせた。

2番、問いを立て続けた。「これは何？」、それから「そもそもこれは何？」、それから「つまりどういうこと？」という問いを立てて答える。自分の中で自問自答した。

3番目、自分の世界で考えた。つまり、誰々がこう言ったというふうにやらないで、考える癖をつけた。本を読むことに頼らないで、そういうことやった後からインプットで証明するみたいな、こういうことをやり続けたら、頭働くようになったんですよ。

それからね、**常に振り返りをして、気づいて、またやってみることを習慣としてやってたりするんです**。これも役立っていると思うんですけど、そんな形で成長させてきました。

頭働くとね、超いいっすよということで、ご参考になれば嬉しいです。

目標や夢があった方が生きやすい

キーワード

日々の業務、ロジカルシンキング、マインド

2022年5月26日
「モチベーション下がってる時どうするの?」

今日は**モチベーションが下がってる時の対処法、思考法**についてお話ししたいなと思います。モチベーションを短期的なものと中長期的なものとに分けて、中長期的なものをどちらかというと「モチベーション」、短期的なものを「テンション」とか「コンディション」と考えるといいんじゃないかなと思いますけれども、両方お話しします。

まず短期ですね。1日の中でテンションって結構、上下しません? 例えば寝不足だったらテンションは上がらないし、嫌なことあると1日、2日、気持ちが下がるみたいなことってあると思うんですよね。僕もしょっちゅうあります。

ポジティブ、ネガティブって「ポジティブ60、ネガティブ40」みたいに常に100を分け当てているというより、両建てでポジティブもネガティブもあるんだと。どっちかというと、ポ

ジティブに目を向けることが大事だよねという話を前に何度かしてきたんですけど、それと同じだと思っていて。**テンションが高い要素と低い要素は両方ある。**それで、寝不足だったり、めちゃめちゃ仕事が溜まってるとか嫌なことがあるとかそういうことになると、テンションが下がってる。

今、いろんなことが起きて、テンションだだ下がりみたいな状態で、ただ、浮上のきっかけをつかみつつあるなと、たまたま昨日感じたんですよ。とにかく「動き出す」ことですね。

具体的に言うと、パスポートをなくして、どこ探しても出てこないからもう無理だ、新しく再発行してもらうしかないなと思って、その時はめちゃめちゃ憂鬱なんですよ。憂鬱だけど調べてみると再発行の届けはダウンロードできるのね。その前に遺失届を出さなきゃいけないのね。じゃ、警察行くよねと。で、面倒くさいんですけど行くんですよ。そうしてパスポートを取りに行く日を決めちゃうと、物事が急に動き始めるんですよね。

警察に遺失届出して遺失届番号みたいなのをペーパーに書いてもらったんですけど、それを書いてもらった瞬間、もうタスクの3割ぐらい終わった、あとは戸籍抄本を取って、なくしたという申請書書いて、それから再発行願いを書いて、写真撮っていけば、元に戻るわけです。そうすると、テンションが下がる要素が1つずつ消える。そういうふうに、**とにもかくにも動かし始めることをやっていくしかないんですよね。そうすれば、テンションってだんだん上がってくるということです。**

プロセスがめちゃくちゃいっぱいあって面倒くさい、やりたくないとかでテンションが下がってるんだったら、そのプロセスを5つぐらいに分けて1個1個やっていこうと思うわけです。**嫌になっているところを真正面から見つめてみて、淡々とロボットみたいに動くのがいいんじゃないかなと思います。**

テンションが下がってるから無理やり前向きにしようみたいなことは一切考えないことです。淡々と無になってそのタスクをこなしていく感じかなと思います。

次に、**中長期的なモチベーションの話。この仕事をやっているモチベーションとか、今生きているモチベーションみたいなところで言うと、これはちゃんと真正面から自分自身を捉えることが大事**なんじゃないかなと思うんです。

自分自身を知るために自分を見つめるのって、モチベーションが上がらない時には嫌じゃないですか。だけど、「ここ1年ぐらい、この仕事へのモチベーションが全然上がらないな」っていう時に機械みたいに考えちゃうとこれは駄目。中長期的なモチベーションの高低に関しては、ちゃんと自分自身を見つめて自分自身を知ると。どういう状態になってたらモチベーションが高くなるんだっけとか、今何が問題になっているんだっけとか、これ、逃げたら解決するんだっけみたいなことを徹底的に見つめていいかなと。それに向かって、じっくり自分の過去などを振り返ってもろもろ考えながら、見つめ続けて行動をしていくことが大事かなと思うわけです。

そう考えた時、**夢とか目標とかがあるとモチベーションって上げやすい**ですね。ワクワクするし、何かつらいことも忘れるところがあるんですよね。この目標に比べたらこんな問題は大したことないって思える。でも、目標や夢とかってそんな簡単に出てこないこともあって、じゃあどうするかというと、仮置きでいいと思うんですよ。仕事をやっててこれ楽しいなって思ったら、その先にあるものを目標にしてみる。そのために俺はやっているんだ！という感じで言い続けると、そこに向かうパワーが強くなってくる。


僕も未だに考えてますよ。自分の目標って何だっけって。それに目標があってもずっと変わらないかというと、多分変わるんですよ。だから毎日毎日問い続けてます。一生かかっても達成できないような目標にするか、1年頑張ればできるかもしれないものにするかは、人それぞれです。僕の場合はめちゃめちゃ壮大な夢を描いてね、世界中の人が幸せになるためにみたいなことを目標として持っています。

目標や夢を持つと、自分の判断の軸ができるんですよね。だからちっちゃな行動も「待てよ、これを今やることは、自分の崇高なでかい目標からしていいんだっけ？」などと判断できます。また、「短期的には難しいかもしれないけどやるべきだ」みたいなことも見極めやすいと思います。言いまくるし、常に考えてるし、行動もそれに合わせて判断していくと、「この目標を達成するために自分は生まれてきたんだな」となってくるわけですね。そうすると結構、生きやすくなるっていうか、気楽になってくるような気がします。

なので、そういう観点で、**目標や夢があった方が生きやすいぜ**って感じはしてます。目標や夢を持ってるだけじゃなくて、それに向かって行動して振り返って気づいてまた行動して、考えながら目標や夢を変えていくプロセスを、生活のリズムに入れていくこととセットにするとめちゃめちゃいいのではないかな。

ただ、みんなに夢や目標を持とうぜとは言わない。どっちかというと、夢とか目標があると生きやすいぜという、そんな感じです。

場所と曜日で仕事のルーティンを振り分ける

キーワード
働き方、ライフデザイン、日々の業務

2022年11月16日「こうして人は成長していく」

茨城県の大洗に来ています。別荘をみんなでシェアするサービスを展開されている方がいて、フェイスブックで見て行きたいなと思って、2泊3日で久々のワーケーション体験をさせていただいて、めっちゃ心地よいです。

この別荘、コンテナハウスなんですよ。外見だけ見るとプレハブみたいに見えないことはないんだけど、中はめちゃめちゃしっかり作られていて、いい感じで堅牢な感じ。平米数としては広くないんですけど、仕事をする環境としてはめちゃくちゃよいです。コンテナが3個ありまして、1個が共用スペース。2個がベッドルームとなっておりまして、たまたま今回は誰もいなかったので、僕は共用ルームを仕事部屋にして、寝室に行って寝るという感じで使いました。

あんまり予定を入れないで、ゆっくり本でも読もうかと思っていたんですけど、結局2日とも朝から晩までウェブ会議をやっていました。

ワーケーションというのはワークとバケーションなんですけど、別にバケーション全くないけれども、いろんな場所で仕事するのは大事だと思ったので、今日はその話をします。

僕がメインで働く場所は今は武蔵野大学のキャンパスで、それから東京都内で働く時には、今までヤフーのオフィスや自宅近くのオフィスを使っていたんですけど、自宅近くのオフィスは返却しまして、虎ノ門のCICというコワーキングオフィスで働こうと思っています。ヤフーのオフィスは無料で赤坂見附で働けるんでいいんですけど、当たり前ですけどヤフーの人としか会わないわけです。それより、いろんな人と会えた方がいいよねってことでCICで働きます。

さらに、ワーケーション的にいろんなとこに行って仕事をしています。デスクワークをするには、CICにいると知り合いがいっぱいいて会いに来たりして、あんまり落ち着かないんですよね。だから、CICはネットワーキングしに行く場。それから、人と会うのはMusashino Valleyに。こういうふうに位置付けをしっかり分けてやれればいいなと思うわけです。

そうすると、**場所が仕事を規定する**ような感じになってきます。**「この仕事はここ」って分かれていると、モードが変えられるので非常にいいかなと。**

さらに**曜日をある程度決めていくと、ルーティンが決まってくるんですよね。**月曜日は主にここで働く、火曜日はこんなことがあるからここにいる、みたいな感じで。

わかりやすく言うと、毎週水曜日朝7時から9時にテニスをやっていて、それを国立あたりでやるとしたら、その後は三鷹あたりで仕事した方がいいわけです。あるいは、CICでベンチャーカフェのイベントが必ず木曜の夕方以降あるみたいなので、そこに出ようと考えると、木曜日はCICを中心にした方がいいよねとか。

いろいろなことをやっていくことになった時に、やっぱり働き方をそこにアジャストさせてかなきゃいけないわけです。無秩序にやってたら、自分の頭がめちゃめちゃ混乱します。**予定もある程度、ルーティンを意識して入れていくといい**かなと思うわけです。

だから、いろんな仕事をやる上ではルーティンをある程度固めた方がいいとも言える。それは言ってることが逆の方向なんですけど、そう考えることによってうまく効率的にできそうな気がする。1週間をどんなふうに過ごすのか、この曜日はこういうふうにやると決めながら、月火水木金はバラエティーに富ませることに今、チャレンジしてます。

そうやって考えた時に、3拠点で行き来するのがいいわけですけど、さらに外れて新しいことをやりたい時にはワーケーションができたらいいなって思うのです。人里離れたところでボーッとしながら、新しいことをやる。今回みたいに大洗に来た時には、全く別の話を考えるというふうにできたらいいなと思いました。

僕らはついつい、事務処理をやっていたら日が経っていくみたいなことってあるわけですよ。仕事が山積みになっていくからしょうがないんだけど、一方で、今日はこれをやるのだと、めっちゃ集中してできてるかどうかってことですよね。それをちゃんとコントロールできれば、いろんな仕事が効率よくできるわけですよ。

僕は今、テニスをやってます、それから英語も勉強してます、仕事もいろいろあります。本の執筆が一旦落ち着いたわけなんだけど、他のことがばんばかばんばか入ってきている中で、メリハリつけていかないと収拾つかないです。ＴＯＤＯリストでコントロールするんだけど、それでもモヤモヤがいつも残っているような気がしてならんのよね。だから、**場所を変えながらルーティンで振り分けて、それでうまくいかなかった時に調整していく形にすると、どんどん仕事で成果を出しやすくなる**んじゃないかなと思っています。

Ｖｏｉｃｙの中で何回も言っていますが、**大前研一さんが言うには、人が変わるのは「住む場所を変える」「会う人を変える」「時間配分を変える」の３つしかないと。**僕がやっているのはそのまんま、これなんですよね。

さらに、いろんな人と会い、時間配分を考えながら、どんどん新しいことをやっていくことなんだと思うんです。

一方、大前さんは「一番駄目なのは決意を新たにすること」と言ってますが、僕はそれは反対。決意を新たにしてコミットすることはめっちゃ大事だと思いますが、それだけじゃ駄目だということですね。

なので、具体的に引っ越しをするとか、時間配分や仕事を変えるとか、そうやっていろいろ変える中で、自然と仕事をする場所も時間配分も会う人も変わってくるということです。そうしながら新しいことにどんどんチャレンジしていく。そうすると、成長していくことにもつながるかなと思う次第です。

今回は、住む場所を変える、時間配分を変える、会う人を変える。これをどうやって実現するかということについて、僕の取り組みをお話しさせていただきました。

TOBEが決まるとTODOも自然と決まる

キーワード　働き方、ロジカルシンキング、マインド

2023年3月16日「軸を持とう」

昨日は、ヤフーアカデミアの部長クラスのセッションでヤフー社長（当時）の小澤隆生さんにお話しいただいたり、人事系兼コーポレートの責任者や執行役員の方が来て、部長クラス20人ぐらいの参加者にいろいろ話をしてくださったセッションがあったり、非常に充実してました。

やっぱり、小澤さんってすごい人なんですよ。僕は10年前ぐらいにプラスにいた時に小澤さんと知り合って、いろんなところでご一緒させていただいてて、その都度刺激的なんですけど。小澤さんは、ヤフー、LINE、Zを合併していくにあたってずっと打ち合わせしてると思うんだけど、そんな中、アカデミアに来てくれていろいろ話をしてくれたんです。で、僕らのアカデミアのチームたちのプレゼンを5つ聞いてコメントをしてもらったんです。**小澤さんが話している中で大事なのは、自信は信念から生まれて、信念というのは経験から生まれる。**そ

して徹底した調査から生まれるということ。信念を持つっていうのがすごい大事で、そこに従ってやっていくのだという話をされてて、その通りだよなと。

事業のセンターピンをちゃんと調べようねとか、ちょっと試して失敗しようねとか、失敗する前に調整しようねとか、そういういろんな話があったんだけど、やっぱ大事なのは、信念を持ってるとぶれないという話をされていたことです。

そしたら、湯川高康さんというコーポレートの責任者（当時）の方が、「大事なことはやっぱり軸を持つこと」ということで、自分の軸はこういうことで、それをずっと大事にしてそれをベースに仕事してるという話をされて。断固たる決意は、大事にすることはこれなんだという譲れない想いで、（『スラムダンク』の安西先生と桜木花道の言葉で「断固たる決意」がマイブームなんですけど）改めてそういうものがやっぱり大事なんだよなというふうに思うわけですね。

僕で言えば「FREE，FLAT，FUN」が軸です。つまり、常識にとらわれず、、役職とか年齢とか男女とか関係なく、ダイバーシティでみんな違ってみんないい、フラットだっていうこと。それから楽しくワクワクということ。**自分の軸とか自分の使命が明確になると、本当に人はやりきれる**んですよね。

僕は今、相当忙しくていろいろ大変なんだけど、それはそれでやりきれるんですよね。

軸が明確になってると、最後の最後にやめようと思うことと、これは万難を排していかなきゃみたいなことが取捨選択もできる。このためなら、俺は命を投げ出せるみたいなのとかが全部ね、明確になるんですよね。

それは、どんな形でもいいんだよね。例えば、家族を大事にということでもいいと思うし、信頼が大事ってこともいいし、とにかく結果を出すみたいなことでもいいし、それからチームを明るくするとかなんでもいいから、とにかく軸、譲れない想い、こういうことを大事に生きていくっていうことが、忙しくなってくるとますます重要だなと感じますね。


だから、ＴＯ ＤＯとＴＯ ＢＥの両方があると思うんです。**ＴＯ ＢＥが決まるとＴＯ ＤＯも自然と決まってくる、**なんかそういう順番なんじゃないかなって思うんですよね。

ＴＯ ＢＥの「どうあるか」というのは軸なので譲れない思いです。そこが明確になってくると、それに従って「これをやるんだ」というＴＯ ＤＯが出てくる。いきなりやりたいことは出てこないと思うんです。いろいろ経験してみないと、そういうのって出てこないからさ。でも、自分の軸みたいなものが明確になってくればなってくるほど、やることも自然と絞られてくるし、結果としてＴＯ ＤＯがより明確に決まってくるんじゃないかなと思うわけですね。

ウェイというか、自分の行動指針は変化してるんですよね。自分の持ち味ってなんだろうとか、自分はどうあるべきなんだろうとかも全然わからなくて困ってたんですけど、44歳の頃に、自分のウェイを明確にしたんです。順番として「心を自由に」というのがまずあって、次に「迷ったらワイルドな方へ」、「ポジティブにガンガンいく」という３つをベースにしてたんですよ。ただ、それはあくまで自分の行動を明確にする行動指針だったんです。自分は何をすればいいみたいな迷いがあったので、そういう感じで行動していこうって思ったのが２０１２年です。

この３つに従ってやると本当、心が自由になる。

「ＦＲＥＥ，ＦＬＡＴ，ＦＵＮ」の「ＦＲＥＥ」です。「ポジティブにガンガンいく」のは「ＦＵＮ」ですよ。「迷ったらワイルドな方へ」はある程度実現して、言わなくてもワイルドにできるようになってきたので、そこが「ＦＬＡＴ」になってきたという感じかな。

２０１７年頃にヤフーアカデミアのウェイを作りたいなと思った時、「ＦＲＥＥ，ＦＬＡＴ，ＦＵＮ」というのがふっと出てきたんです。「ＦＲＥＥ，ＦＬＡＴ，ＦＵＮ」は自分の行動指針でもあり、そういう世界を作りたいっていう僕のすべてになったんですよね。それはもう、まさに自分の軸ですよね。で、Ｔシャツも作って本も出してという形でやってるわけなんです。

これが明確になると、本当にぶれなくなってくるんですね。「ＦＲＥＥ，ＦＬＡＴ，ＦＵＮ」じゃないものは一切やらないんですよね。

「ＦＲＥＥ，ＦＬＡＴ，ＦＵＮ」なものって結構あるもので、どんどんどんどん忙しくなっていくんだけど、本当に悩まないようになるし、つらい時にもそれは「ＦＲＥＥ，ＦＬＡＴ，ＦＵＮ」な社会を作るためには大事なんだっていうふうに思ってやれるようになっています。

軸が明確になってからは、どんどんそこに最適化していくようになっているということです。

だからある意味あんまり頭使わなくていい。それを決めとけばね。思考停止ってわけじゃなく、やっぱり「FREE，FLAT，FUN」であるかは常に自分に問うてます。そんな感じを持つととてもいいかなって思います。

頑張れるし、それから迷わないし、何より自分が充実してるしね。いろんなことが蓄積されていく感じもするしね。そういうことを考えてみるといいんじゃないかな。

クリティカルシンキングに使える3つの問い

キーワード　働き方、ロジカルシンキング

2022年8月10日「考える力をつけるための3つの問い」

今回は、ハッシュタグ企画「#問い　#クリティカル・シンキング　#論理的思考」です。

毎日、暑い日々ですけれど、暑くても爽やかに過ごすコツっていうのを僕、見つけちゃったんです。

まずね、クーラーのきいた部屋に入るのが一番なんですけど、着替えを持っていくってすごい大事なんですよね。すると暑い中、いくら散歩しても気持ちいいですよ。歩いた後、タオルで拭いて着替える。昔、会社行ってた時も、暑くても通勤用のシャツを着て会社着いたら着替えるということをやってたんですよ。そしたらもう、本当快適だったんでね、これ、本当おすすめです。

昨日、アナザーライフアカデミーに来たコメントが本当に素敵で、ずっと見返してるんですけど、一つ「ああ、そうなんだ」という気づきを得たことがありました。何かと言うと、とある方の感想コメントで、「講座全体で印象的だったのが、伊藤さんの口癖の『何でかっていうと』『よくよく考えると』というところで、内省したり深く考える思考体力や思考機会が伊藤さんの魅力の源泉の一つではないかなと思いました」と。そういうふうに気づいていただいて嬉しかったなって思うんですけど、同時に、自分はそうやってちゃんと考えてるんだなということに改めて気づきました。

僕、40歳ぐらいまでは、本当に考えるのが苦手だったんですよ。考えるってそもそもどうやったらいいかわかんなかったし。グロービスに行ってクリティカルシンキングを学び、思考するということを本当に初めて学んだんです。

クリティカルシンキングは「健全な批判的思考」「批判的精神で考えること」「斜に構えて批判するんじゃなくて、そもそもこれ正しいのかみたいなことで問いを立てて、そこでロジカルシンキングの手法で結論を考えていく」ということなんですけど、まず問いを立てて答えることがスタート、考える手法はロジカルシンキングによるんだなと。だから最初にクリティカルシンキングを学んだ時、本当、びっくりしたのよね。「頭いい人ってこうやって考えてるのか。ずるいぞ！」と思うぐらい衝撃だったんです。

グロービスでクリティカルシンキングの授業を3か月、6回受けただけではあまり身につかなかったんです。でもその後、クリティカルシンキングの思考を持ってファイナンスやマーケティングとか経営戦略とかやっていったら、だんだん自然と身についた。

そこから要点だけを抽出してお話ししますと、企画とか自分の意向とかというのは、全部、結論と根拠のピラミッドを作ることだと思ってるんです。「結論はこうです。根拠としてはこうでこうでこうです」と、結論に、根拠を3つぐらい入れて出す。

例えば、「この企画やりたいんです」という結論を言いたいなら、「なぜならば売り上げが上がって、コストもあまりかからないし、未来につながるから」とやっていく。**仕事は、結論と根拠のピラミッドのやり取りだったりするわけです。**

そう考えると、**日常の中でやる問いは3つ**なんですよ。

まずは、「そもそも〇〇とは何か」を考えること。

次に、結論に対して「Why？（なぜならば）」と問うて根拠を考える。

そして、根拠は出ているのに結論が見えない時は「So what？（それで）」と問う。

この3つの問いができれば、クリティカルシンキングはできるイメージです。それがいただいた感想に出てたということかと。

でね、「そもそも」「なぜ」「それで」という問いは、自分のキャリアを考えていく上でも大事なんですよ。自分のキャリアをどうしようかなと悩む時も、この3つの問いは非常にいいいと。

「そもそも、俺は何がやりたいのか」とか「そもそも俺に向いてる仕事は何か」とか「そもそも何を求められるんだろう？　自分は仕事で」と問うてみる。そうすると、仕事とかキャリアとかでどうしたらいいのかを考えることができるでしょ。

それから、「なぜ」と「それで」というのは、時系列で自分のキャリアを振り返ってみたり、先々を考える上で役に立つんですよ。今の自分は過去の自分の積み重ねでできてるわけです。だから今の自分はこんなことに燃えているということを考える上で、それは何でかというと、過去、こういう経験してるからだというのは必ずあるわけです。

例えば、「自分が好きなものを挙げてみてください」と言われたら、「私はJリーグのベガルタ仙台が好きです。なぜならば、過去、ベガルタ仙台のプレーを見てるから」。こういうふうにつながるわけです。**「なぜならば」という問いは、過去を振り返る上で必要になります。そして、今これが大事だということがわかってきたら、「それで」で問うて、未来を考える**ということですね。

キャリア的な話はロジカルな話じゃなく自分のストーリーじゃないですか。それを考える時も、3つの問いが使えるわけです。

仕事で何か企画を考える際、自分で人生をこういうふうにしていきたいとか考える際も、この3つの問いを常に頭の中に置いておく。いろいろ、たくさん考えることがあると、頭が飽和してわけがわからなくなっちゃうじゃないですか。そんな中で結論を出してかなきゃいけない。そういう時は、この3つの問いをちゃんと自分に投げ掛けることですね。

先日、「ＡＥＲＡ」に記事が出たので、いろんな方からコメントをいただいたんですけど、その時にクリティカルシンキングを教えていただいたグロービスの当時の先生に「あの時のクリティカルシンキングの授業が、伊藤さんのお役に立ったんだったら、めちゃめちゃ嬉しい」というコメントをいただきました。本当にあの時の経験が僕にとって、人生が変わるきっかけになりました。

仕事する上で「考える力」はすごく重要で、**そうやって型にはめてやると結構しっかりできるようになる**ので、一度騙されたと思ってやってみてください。

僕の成長のきっかけになった行動、スキル、マインド

キーワード

ライフデザイン、ロジカルシンキング、マインド

２０２２年５月16日
「成長し解き放たれるきっかけは自然には降りてこない。自分でつくり、自分でつかみ取っていくのじゃよ。」

僕のＶｏｉｃｙの放送って、朝方の聞かれ方が半端ないんですよ。圧倒的に朝５時から８時ぐらいまで。夜聞くと、眠れなくなっちゃうって言われます。おはようございます、ありがとうございます、気合いを、「活！」という感じで入れさせていただければと思います。

僕ね、**声の出し方を鍛えてるんです。**ＤＪ Ｎｏｂｂｙさんの声の出し方とか素敵だし、アナウンサーの方みたいに鍛えてらっしゃる方の声の出し方は素晴らしいなと。俺もいつか発声そのものを鍛えたいと思ってるけど、まだそれはやってない。ただ、間の空け方とかね、それからリズムですよね。早く喋ったり、ゆっくり喋ったり、あと高低ですね。僕、基本的に高い声でスピーディーに煽(あお)るんですけど、低い声で時々しっとり話すとか。これ、ほとんどないんだけど、そういうコントロールを自分で意識してやっています。

発声について考え始めたのは38歳ぐらいの時、プラスに転職してから1、2年後くらいですね。3つのことがありました。

1つ目にクリティカルシンキングをめっちゃ学びました。2つ目にめちゃめちゃハードな体験をしました。そして3つ目に夢を見るようにしました。こういうふうに言うと3つにつながりがないように見えるんだけどね。

ちょっと、頭の中に二等辺三角形を思い浮かべてください。それで、上から3分の1ぐらいに横線を引いてください。それから上から3分の2のところに横線を引いてください。上から3分の1の横線は、三角形をはみ出して直線を描いてください。すなわち、水面の上に二等辺三角形が浮いてる**(図)**。上3分の1が浮いていて、残り3分の2が沈んでいて、それが半分ずつ分かれている。氷山をイメージしていただければと。

1番上が行動、2番目がスキル、そして1番下の部分がマインドです。

「クリティカルシンキング学びました」というのは2番目の「スキル」のところなんです。それから「ハードシップを経験しました」というのは1番上の「行動」。「夢を見るようにした」というのが1番下のベースになる「マインド」です。

スキルを鍛えるのはすごい大事で、思いを話すにしても、何言ってるのかわからなかったらしょうがないじゃないですか。だからロジカルシ

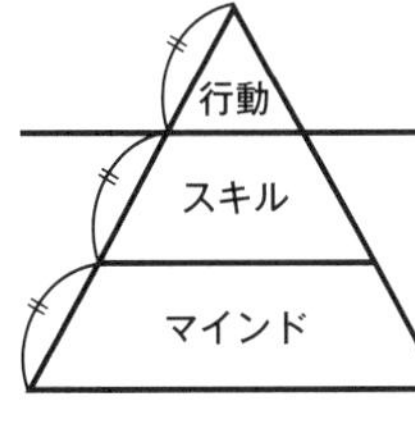

ンキングはすごく重要で、そのスキルを持ってクリティカルに物事を考える。健全な批判的精神を持ってロジカルに考えることをクリティカルシンキングと僕は定義しています。そもそもこれでいいのかと解決すべき問い、イシューを立て、ロジカルに考えて結論を出していくやり方です。

「イシュー」がわからない方は、僕の盟友で同僚の安宅和人さんの『**イシューからはじめよ**』（英治出版）をぜひ読んでいただければと思います。

グロービスで最初、クリティカルシンキングを学んで、その時は何が何だかわからなかったですし、レポートも点数ひどくて。でも、その後の仕事で愚直に繰り返し、クリティカルシンキングって何?、それは何を言えればいいの?って考えて、ロジカルにピラミッドストラクチャーを作ったりとか分解したりしながら結論を出してそれを実行していった。さらに、照屋華子先生とかバーバラ・ミントさんとかの本を読み漁りまして、1年ぐらい一生懸命勉強したんですよ。そうしたらね、ロジカルに、クリティカルになったんです。「そもそも~とは何か」という問いが立てられるようになったし、その後の分析、問題解決の手順もカチャカチャやれるようになりました。

仕事ができるようになりたい、活躍したいという方は、クリティカルシンキングを絶対学んだ方がいいです。本で学ぶのもいいし、Ｓｃｈｏｏ（スクー）とかの放送で学ぶのもいいし、グロービスのクリティカルシンキングは本当にしっかり体系化されているのでオススメです。それからね、「行動する」。で、**行動のためにはハードな状況に身を置いてみることがめちゃめちゃ大事**なんですよね。

プラスで、KPI（重要業績評価指標）的な発想で物流コストを明確にしました。そこで、「システムでこうすると、もっとコストダウンできる！」と思い立ち、新しいシステムを作るプロジェクトを始めたんです。知見も何もない、軸もあまり明確じゃない中で。そうしたら、プロジェクトが「無限ループマーチ」みたいな感じになって、ミスしては何かやってバグって、直したらさらにバグるみたいな「デグレ」、デグレーションに。どんどんひどくなったわけですよ。もう針のむしろで、本当にあの時はメンタルやられて、クラゲみたいな感じになっちゃったんです。そうなると、クリティカルシンキングをまだまだ忘れちゃうんですよね。「もう、あのシステムは捨てろ」とか「なんだったんだ。何億円もかけて」「全部損失だ」と言われて。そんなひどい状態で半年か1年、毎日悩んだけど逃げはしなかったんです。そうしたら、助けてくれる人が1人また1人と増えてきて、結局そのシステムが成果を出せるようになりました。

その1、2年後に、事業統合プロジェクトでリーダーシップをとりました。また失敗するんじゃないかとも言われたんだけど、1年ぐらいかけて徐々にステップ1、ステップ2、ステップ3と移動していき、ある日をもって全部統合!と、じっくりやったらうまくいった。前のハードシップ（困難）はめちゃめちゃ学びになってるなと実感したんです。

ハードシップは人を確実に成長させます。逃げないで突っ込んでいく。逃げないと誰かが協力してくれます。

そして「夢を見る」。僕はプラスで事業統合したいと夢を描いて、それを実行していったんです。**夢というのはビジョンです。**ビジュアルで、こんな世界になったらええやん、そのために必要な僕らの役割ってこうじゃんと、夢、ビジョンを描いて発表するんです。周囲は最初、「羊一さん、何言ってんだろう」みたいにぽかんとしてるんだけど、徐々に気づいていくんです。そうするとうねりになっていくんですね。

僕らはつい、足元にある仕事ばっかりやるじゃない。そこをちゃんと解決しないと、次に進めないから。それでいいんですよ。なんだけど、**ひたすら足元のことをやってると、未来を作れないんですよね。すると、成果出ないし成長もしないんです。**

これは僕の知り合いの野田稔さんや本間浩輔さんがよく言ってるんですけど、**「イメージできるものはマネージできる」**んですよ。逆に言えば、イメージできないものはマネージできない。ビジョンっていう完成図がなければ、設計図もできないということです。

クリティカルシンキングを学び、めちゃめちゃハードなプロジェクトをやって、そして夢を見るようにしたことが自分の成長のきっかけになった時のお話をさせていただきました。

マインドフルネスとメタ認知の違いについて

キーワード　ロジカルシンキング

2023年2月7日
「具体と抽象、頭の働きを解説してみた」

ツイッター（X）のスペースで、フライヤー執行役員の久保彩さんが本を語るルームを定期的にやられています。そこで**『1行書くだけ日記』**をテーマに、という話が出てたんで、お邪魔させていただいたんです。その時にSNSの使い方みたいな感じで、本を書く前の材料としてnoteを使う、ツイッターで反応を見るとか、SNSを使って本の方向性とか題材とか集めたり蓄積したりしていくという話をされてて、全くその通りだと思って、自分がどんなふうにSNSを使ってるかという話をしました。

僕の場合は、まず頭の中にあるものをVoicyで話していく。ほぼ毎日放送してる中で、頭の中にあるものをアウトプットする機会として、Voicyを使ってます。その上で、もうちょっとオフィシャルにした方がいいなっていうものはnoteに書いて文章でまとめていく。

それが本の内容になったりもするというような流れですよと話したわけです。Ｖｏｉｃｙで第1段階のアウトプットをする。第2段階でもう1段階ステップアップして抽象化して、しっかりかっちり構造を固めて文章にする。それがｎｏｔｅだと。それから、それをベースにいろいろ考えたりしながら本にしていく流れです。

一方でＶｏｉｃｙをやられていて、ブロガーでいらっしゃる徳力基彦さんは、ｎｏｔｅを気軽にアウトプットする機会にされてるということで、人それぞれ違うんだなって思うわけです。で、今日の本題なんですけど、**メタ認知とマインドフルネスの関係**という質問を久保さんからいただいたんです。

マインドフルネスは、「今ここに集中する」ことなんですよね。そのために瞑想したり、ジャーナリングといってうわーって手を動かして好きなようにペンで紙に曲線を描いてみるとか、自分の中にあるノイズみたいなのを明確にしてみることだったりします。

メタ認知は、「自分を俯瞰する」ということですね。上空から自分の状況を、他人事みたいに俯瞰する。物事だけじゃなく足元を、いろいろやってる自分のことも見るわけです。**自分のことを客観視することもメタ認知に含まれている**ってことですね。

一方で、マインドフルネスは目の前に今ここに集中すると言いながら、自分自身の内面を集中させるみたいなイメージがあるわけです。

だから**視点が、メタ認知の場合は外から自分を見るイメージだし、マインドフルネスは、リ**

アルの世界にいる自分を意識しながら内面を研ぎ澄ますみたいな、内面から自分を見るみたいなイメージですね。勝手なイメージですが。

マインドフルネスとメタ認知は、行ったり来たりするんですよね。ここら辺のことって、言葉で説明するのってかなり難しいですね。うまく説明できる自信がないんですけど、でもそうやって説明するしかないわけですよ。**俯瞰と集中。**

上空から自分を見るなんてできないじゃないですか。だけど、ある時はふぅーって自分の上空から見てるような感じにして、自分の意識を飛ばすっていうか離して、外から自分のことを客観視するわけです。客観視ばっかりしていると他人事みたいになっちゃうから、すぅっと降りてきて、今ここに、自分自身に集中するっていう、リアルの現場を見るのです。

僕はここをかなり意識してやっています。結局、メタ認知は高さでいうと上です。マインドフルネスはグラウンドゼロ、ゼロの場所なんですよ。今、ここ。要するにそれって抽象化と具体化に近い。**具体と抽象を行ったり来たりするのが思考**であり、マインドフルネスという具体と、メタ認知という抽象を行ったり来たりすることを意識しています。

僕らは具体を生きてるわけですよ。「抽象的な生活」ってないじゃないですか。生活とか人生っていうのは常に具体なんですよね。でも、具体だけで生きていると何も生まれないわけです。それは動物的なんですよね。人間って考える動物じゃないですか。つまり「その具体で得られるものは何なの?」って抽象化をするわけです。**考えるとは何かというと具体を経験したものを抽象化して、自分の教訓にする**ことかなと。

だから具体はいっぱい受け取れた方がいいわけです。抽象化のネタがいっぱいあるから。ただ、具体をそのまま自分の中に入れようとしてもよくわからなくて、くることによって理解をして自分にとっての気づきにつなげるのは、抽象化なんです。だからそこでマインドフルネスとメタ認知という概念はすごい重要だったりするんですよね。そんなことを改めて、スペースの場でお話をしました。

中村悟さんっていう、その時同じチームにいた方が、ヤフーでマインドフルネスのセッションをヤフーアカデミアでやりたいと言った2016年時点は、まだマインドフルネスという言葉が一般的じゃなかったんですよ。なので、宗教的に思われても嫌だねみたいな感じで、「メタ認知トレーニング」という名前にしたんです。それはそれで近いところにあるので間違いではなかったんだけど、高さとしては違うんですよね。

グラウンドゼロなのがマインドフルネスだし、メタ認知は高いとこにあるという違いをあまり意識せず、メタ認知トレーニングとしたのは、似てるところをくくった意味では結構鋭いは鋭かったなって思うけど、ちょっと違ったよなと改めて思いました。

その後、中村さんの頑張りもあり、ヤフーでそれをやってるのがテレビとかメディアで取り上げられたことで、マインドフルネスがすっと世の中に入っていきました。

マインドフルネスとメタ認知ってあんまりつなげて考えたことがなかったので、その問いを出していただいて、自分の気づきにつながったなと思います。あくまで自分の脳と自分の思考との距離感を表してるのがマインドフルネスとかメタ認知なんだけど、高さが違うっていう理解が得られました。

メタ認知とマインドフルネス、抽象と具体ということで、僕もこれからもっと理解を深めたいなという感じです。

主観脳と俯瞰脳を切り替えながら話そう

キーワード ロジカルシンキング

2023年2月21日「瞬発力で色々判断していく時の頭の働かせ方」

昨日、ヤフーのLODGEで行われたダイバーシティ&インクルージョンについて、Zアカデミアで有識者の皆さんと考えるイベントで、モデレーターとして話をファシリテートしました。

ファシリテーターは、瞬発力でいろいろ考えていくわけですよね。もちろん、どんな議論になりそうかということを準備します。事前準備が8割とよく言われたりしますけれども、女性活躍推進とかチームコミュニケーションという自分にとって馴染みの深いテーマであるし、参加する方もよくわかってる。そういう時はむしろ、その場のノリみたいなものを大事にしながら進めていきます。**ファシリテーターは、その場その場でパッパッと考えながらやっていくのではかなりの思考力が必要とされます。**ここら辺はいろいろ考えることがあるので、一般論として感じていることを共有します。

話を聞き出し、さばいていく時には、リズムを大事にしています。**話を広げる時は、淡々とどんどん聞いていけばいいんです。**例えば、グループ会社の例とか、有識者側の人がいろんな話で得たこととか、そういうのをとにかく広げていくんですよ。その時には、トントントントン、リズミカルにいくことを意識しています。聞いてる方も理解できて、そうだよねと思ってくれることが多いわけです。だから淡々とスピーディーにやっていきます。

で、そこから解決策に入っていきましょうということなんだけど、最初のとっかかりの部分って誰でも考えることだったりするわけですね。つまり、**ウルトラCの解決策はいきなり出てくるわけではないん**です。だから解決策を考えていきましょうという時も最初はスピーディーに淡々と、リズムを刻むような感じでいきます。で、全体の3分の2ぐらいの時間が経ったところで、「まあ、そうですよね」と言いながら、「とはいえ、結構、これは難しいですよね」といった投げかけをしたりします。**ちょっと小休止して、「そうですよね」「でもそれってね」ってテンポを変えながら、要するにわかっちゃいるけどできないよね。それはなぜ？ということを投げかけたりします。**

その時、ファシリテーターは誰にどんな話を聞こうかとか、その人が今どんなことを言っているんだろうとか、その話を僕はどんなふうに解釈すればいいんだろうかということを理解することに、まず頭を使います。それと同時に、全体の中で今どんなリズムなんだっけとか、今どんな状況なんだっけとか、どのぐらい時間が過ぎてて、今遅れているんだっけ?、進んでいるんだっけ?ということを、司令塔のように判断することが必要になります。

足元の、目の前のことを考える脳と、それを俯瞰する脳が両方同時に動いている感じがあります。もしかすると、同時に動いているんじゃなく、パッパッパッとスイッチしながら考えているのかもしれないんですけど。だから主観と俯瞰みたいな感じで、鳥の目、虫の目っていうところはイベントをやりながら、いつも両方を動かしている感じです。

それは、お取引先にプレゼンする時、人に何か話す時、パネルディスカッションのパネラーをやる時などもそうで、準備された何かを喋るのではない時は、いつもそうしています。

流れがある程度見えてる時は、主観8割、俯瞰2割くらいでエネルギーを割くし、解決策を考えていく時は、残り時間を考えながら、ここをどういうふうに掘るか広げるかを判断していくので俯瞰4割、主観が6割ぐらいで頭は働いてます。

この感覚、主観と俯瞰を持って両方を行ったり来たりしながら話を進めていくところは、リーダーにとってめちゃめちゃ不可欠なスキルだと思います。

常に決まったことを言うんであれば、練習して原稿のまま読んでいけばいいので楽なんだけど、それができる局面ってそんなにないです。そりゃそうですね、常に用意できるわけじゃないから。だとしたら、頭の中で考えながらやっていかなきゃいけないわけです。だから、瞬時のうちにロジカルシンキングをするし、瞬時のうちに軸に当てはめていく。それと同じで、主観と俯瞰を同時進行で脳を使うということを明確に意識しながらやっています。

主観の自分が足元の情報、目の前の情報を処理しながら常に「それはつまりどうなんだっけ」って俯瞰の自分に投げて、俯瞰の自分が主観の自分に「今そのまま行け」って返したり、「そこからすると、次はAさんに聞こうと思ってたけどBさんに聞いた方がいいかもしれない」とか、指揮命令をやりながら、進めています。

意識しながら「主観の自分は今、ここを捉えてる」「でもその一方で同時に俯瞰の自分が全体をコントロールしてる」という構図を考えながら場に臨むと結構いいかもよということです。

すぐできるわけじゃないんだけど、訓練するとできるようになると思いますので、ぜひ取り組んでみてください。文章を書く時はあんまり考えなくていいんだけど、人と話す時はそういうことが必要とされます。俯瞰と主観、これを切り替えるという、そんなお話でした。

振り返りサイクルを回して脳を活性化

キーワード　ロジカルシンキング

2021年4月21日
「声を出そう。成長が促進されます」

昨日の放送で、澤円さんのプレゼンについての放送を聞いたら、思考のプロセス、順番が逆じゃないか！みたいなことに気づいたと放送したところ、澤さんにもそれに応えていただきました（**澤円の深夜の福音ラジオ**「プレゼンを考える時のボクの脳内プロセス。」https://voicy.jp/channel/632/147919）。

あれは大きな気づきだったんです。なるほどねという感じだった。考えるプロセスって確かに人によって当然違うし、あと、ものによっても違うわけですよね。これ、何回も言うんですけど、やっぱり人の成長って、振り返って気づいてやってみてなんぼ、ということだと改めて思うわけです。

振り返って気づくっていうところがよくわからないと、つまり「振り返りをしなさい」と言われて、学んだことを箇条書きにしてみるだけだと、あんまり意味ないんですよね。

まずは、**その日に学んだこととか、その日にあったこととか、その時に言っていたこととかをまずは言語化します**。次にそれは自分にとってどういう意味があるかを考えてみる。自分にとってどういう意味があるかを考えるっていうのは、「Ｓｏ ｗｈａｔ」と言ったりもしますけど、もうちょっとわかりやすく言うと、「ん?」ですね。

「ん？ どういうこと？」みたいなね、この感じ。そういうふうに考えてみるとよいかなと。

その次に気づきとはどういうことかというと、「おおっ！ そういうことか！ なるほど」「やばいやばいやばい、そうなんだな」みたいな、この感じですよね。この感じが気づきですね。そうだったのかぁってわかったら、それは、自分の血肉になる感じがするじゃないですか。気づきってそういうことなんですよね。

振り返りは、言語化だけじゃ意味がなくて、一生懸命「どういうこと?」を考えて、「うわー、そうだったのかぁ」みたいな。そんな感じでありますす。これを声に出して言ってみる。そうするとだんだんだんだん気づきは出てきます。繰り返し言うんだけど、若い人からシニアの人まで全員に僕は申し上げたい。気づきは大事。気づきがあるから人は成長する。気づいたことをやってみることで、人は成長する。こういうことなんですよね。これがよくわからない人は、徹底的にそこを追い求めてください。よくわからなかったら『1行書くだけ日記』をまず読んでくれということだな（笑）。

皆さんの成長曲線は気づきによって確実にスピードを増します。徹底的にそこは考えてください。自分の気づきの型みたいなものが出来上がるとポンポン気づくわけで、**「なるほど」「そういうことね」と思ったら声にしてみる**といいです。

声に出すっていうことは本当に大事。僕もこうやってＶｏｉｃｙで毎日、自分の軸を明確にしていくために、同じようなことを何回も言ってるわけですよ。それは口をついて出てくるわけ。他のタイミングで誰かに話す時もどんどん出てくるわけですよ。

欲を言えば、隣の人とかにそれを話してみると、相手からも反応あったりして話が続くし、さらに気づきにつながります。

頭の中でモヤモヤしてるということは言葉になっていないんですよね。言葉になっていないと、それは考えてないのと同じだと思っていて、だとしたら言葉にしてみることがめちゃめちゃ大事だと思うわけです。ワードのテキストで打ってみたり話してみたりして言葉にする。外に出てきた言葉を見ながら、「そういうことかぁ」と思ったことがまた頭の中に入ってくるという繰り返しをして脳を活性化させる感じなのかなと思います。感覚的な話ですね。

まとめると振り返りは、言語化して、自分にとってどういう意味があるかを考えて、気づいてそれをやってみることです。**言葉にした後に「どういうこと？」って考えて、出てきたものに「そういうこと！　なるほどね」って言えることを増やしていくのが振り返りの極意**かなと思います。

できる限り声に出して言ってみて、型を作る。そうすると、自分の頭が本当にそうやって動いていくパターンができていきます。このイメージをぜひ持っていただきたい。

僕は10代より20代、20代より30代、30代より40代、40代より50代の今が一番成長しているんです。それは振り返って気づく力があるからです。間違いない。

頭を働かせるために声を出そう。そんな話をしました。

第7章

自分の夢と考えに自信を持とう

好奇心と受容力でヒトは成長する

キーワード　働き方、マインド

2022年9月6日「成長する人、しない人」

　サンフランシスコにいて、昨日、2つのことがありました。一つは、LAとベイエリア中心に活動されている現地のスタートアップのCEOとの打ち合わせ。それで、シリコンバレーで2社目の投資を決めました。
　もう一つは、バイトルドットコムなどをなさっているディップの代表取締役COOの方とフィッシャーマンズワーフで飯を食いました。その方とはヤフーでも、ソフトバンクアカデミアという孫さんの後継者を育成する虎の穴でも一緒で、3年ぶりぐらいにいろいろお互いのキャッチアップをしました。その中で話題に出たのが、「**成長する人としない人ってやっぱりいるよね**」ということです。
　で、2人の共通した見解なんですけど、知識のあるなしや勉強ができるかできないかは、成長にほとんど影響しないと。これは要するに「十分条件」なんです。知識やスキルは必要だけど、その前に「必要条件」があって、それを満たさないとやっぱり成長しないということなんです。

一番大事な「必要条件」は、アクション。**アクションして失敗しないと始まらない。「フェイルファースト」です。**知識が重視される研究者でも、知識を入れ込むだけじゃなく、それを使っていろんな論文を書いて、叩かれたり賞賛されたりすることで初めて成長するんだと思います。

じゃあ、アクションだけしていればいいのかというと、そうじゃない。アクションが自分のスキルやマインドにインストールされていくことが大事なので、振り返り、そして気づきを得ることでまたアクションしてみるというこのサイクルは重要です。

どうしてそれができるのかを考えてみたんですけど、**入口の好奇心と出口の受容力が大事だと。**

好奇心が大事。

例えばアメリカで車に乗っていると、サンフランシスコ市街よりシリコンバレーに行くとテスラの車が増えるんですよ。それで「あっ、そういうことか！」と。自分の「ウェイ・オブ・リビング」というか、仕事観や生活観とつながっているんだなとかね。

それから、「ここの場所に行くとこういう人が多いな」とか、「男女の割合が街中はこうだけど、スタジアムに行くと男性が増える」とか。「歩いていて人とぶつかりそうになって道を譲ると、日本とアメリカってスタンスがちょっと違って、『サンキュー』って必ず言うな」とか、すぐ気づくわけです。そういうところに対する好奇心はすごい大事ですね。

俺はよく、50歳以降めっちゃ成長しているって言うんだけど、これはめっちゃ「気づいている」からなんですよね。気づいて行動に移しているから確変するみたいなことになるわけです。これは何でかというと、自分をいつもアップデートしたいと思ってるんですよ。つまり自分を変えることが前提なんです。そのためには、**ちんけなプライドを持たず、健全に自己否定する。**もちろん自分の芯の部分は変えないですよ。だけど、そうじゃない場合は全部変えていく。例えばＩＢＭは昔は計算機とかを作っていたんですよね。でも今はもうＡＩの会社になってるわけなんです。トヨタだってトヨタ自動車の前は豊田自動織機だったりしたわけです。ソフトバンクなんてもう、「本業っていうものを持ったらいかんのだ」みたいな感じだからね。

そうやって自分を変えていくんだけど、芯の部分の「ウェイ（ｗａｙ）」とか、「シェアード・バリュー（Shared Value）」とかは変えない。でも他の部分は全部受け入れるということ。

「ＦＲＥＥ，ＦＬＡＴ，ＦＵＮ」は僕の芯です。誰に何を言われようが、絶対これは変えないんですよ。例えば、プーチンは明らかに「ＦＲＥＥ，ＦＬＡＴ，ＦＵＮ」じゃないよね。だけど、「『FREE，FLAT，FUN』じゃないからもう拒絶」ではないんですよ。なんで彼がああいう行動に出てるかを2月24日以降、ずっと観察して、読んで聞いて考えて、受け入れています。

受け入れるというのは「プーチンわかるよ。OK」じゃないです。プーチンが何を考え、この行動の意味は彼にとって何なのかを理解するということです。その上で猛然と反対しているんです、猛然とね。

プーチンは、単なる狂人じゃないわけですよね。単なる狂人だったら大統領になっていないですよ。なんでロシア国民が支持しているのかとか、そういうことも含めてこれを受け入れないとわからないいんですよね。

でもそれを受け入れるのはちょっとハードシップだったりするわけです。芯は譲らず、なるべく自分の他の部分を自己否定しながら受け入れていくって非常に難しいですけど、こういうことをやるから、気づいて行動に移せるのかなと思うんです。

だって「ああ、そうか！」と思えるってことは、自分がわかっていなかったことに気づくことなので。なんせ、すべては外からも学ぶとめっちゃ成長する。**全世界の人から学べば成長するわけですよ**。それが受容力。

この受容力が、僕が見た中で一番ある人が孫正義さんなんですよ。孫さんは自分の意見をバーンと言って人の言うことなんか聞かないような印象だけど、僕が参加していたソフトバンクアカデミアで30人ぐらいからのプレゼンを、めちゃめちゃ真剣に受け入れて学んでいたんですよね。iPadにワーッて文字を手書きしながら質問をしたりもするわけです。「うわっ、孫さん、これからもそうやって成長するんだな」って気づいたのは10年前です。それ以来、僕はこういうスタンスが大事だなと思って。

だからね、質問力も大事ですよね。質問は、相手の言ってることを自分のスタンスや行動に置き換えて「俺、こう思ってたんだけど違うんだろうか？」って、気づきの前に確認する作業だったりするわけです。

友人の川岸亮造さんがツイッター（X）で、「質問すると聞く側も話す側も双方深まるから学びが深いんだよね。それを誘発しようと敢えて質問出やすく話したりとかもある。画面もオフ、質問もなしで、アンケートには『普通』とか『簡単だった』とか答えて上から目線でいるとホントに学びの種を放棄してるし、勿体ないと思います。」（2022年9月5日）とツイートしていました。

だから、オンラインで画面オフで質問なし、上から聞いて「ふ〜ん」とか言ってつまんねぇなみたいな感じで聞いて批判する人間って結構いるんですよね。それではやっぱり成長しませんよね。

やっぱり受け入れる力、学びを得るんだという受け入れる心が大事なんですね。そうじゃないと自分のチンケなプライドで「いやいや、俺、そんなの知ってるし」みたいなことをやっちゃうんですよ。

「ふええっ〜！」「えっ！　マジかあ」と無邪気なスタンスをとれるかどうか。「うぉ〜」みたいな感じで突っ込む好奇心と受容力、これがあるとやっぱり人は成長できる。

ずっと言っている通り、振り返って気づいて行動するというサイクルを回していくんだけど、その心は好奇心と受容力なんだなと思う次第です。

小さなモチベーションの育て方

キーワード　働き方、マインド

2022年1月10日「Dark Horseな生き方」

土日に長野県の塩尻市に、武蔵野大学アントレプレナーシップ学部の中で希望する学生を20人ほど連れて、フィールドワークに行ってきました。なんで塩尻だったかというと、塩尻市役所の職員（当時）の方で山田崇さん（山ちゃん）という方がいるんです。6年くらい前、塩尻市がソフトバンクのインターン企画に手を挙げてくれたんですけど、そこに僕がプレゼンの講師で行きまして、それ以来のお付き合いで。1泊2日なので、そんなにものすごいことはできないんですけど、それでも6か所ぐらいバスで回って、日曜の午後に「塩尻をどうしたらいい？」ということでグループに分かれてディスカッションし、プレゼンをしてもらいました。

充実したプログラムだったし、塩尻市側のアレンジ力とか、塩尻CxO Lab（ラボ）という山ちゃんが企画しているコミュニティのサポートとかが本当に素晴らしかったです。

山ちゃんは塩尻市の職員なので、塩尻市を盛り上げるという意味では仕事そのものだったりするわけだけど、他の人たちは地方創生に興味があるとか、そういう自分を持ってるテーマに基づいて動いているとしても住んでいるのは東京だったりするわけです。塩尻に何かゆかりがあるわけでもない方が多いのです。そういう人たちがサポートしてくれるということは嬉しいと同時に、そういうコミュニティの作り方はすごく学びになった。

もう一つ、学生の強い思い。学生たちはグループで「塩尻をこういうふうにしたい」ってプレゼンをし、同時に、一人一人が振り返りのプレゼンをしてくれたわけですよ。武蔵野ＥＭＣが始まって1年近く経とうとしている中、学生たちはある思いを持って塩尻に集まってくれてプレゼンというのがすごく良かったんです。なんか、成長したなって思ったんですよね。

で、何人かの学生が言ってたんですけど、教科書を読むのも大事だし、いろいろなスキルを学ぶのも大事なんだけど、一方で**やっぱり現場で、デジタルじゃない世界で何が起きているのかを見る。それを自分なりの視点でそれを解釈する。そして自分なりの思いをプレゼンすることって大事だと**。これを単にプレゼンで終わりじゃなくて、次につなげようとしてるんです。そういう形で行動していくとね、塩尻はどんどん盛り上がるし、こういうことの繰り返しで人って成長していくって思ったんですよね。

僕が秋に解説と帯推薦を書いた『Dark Horse』（トッド・ローズ他著、三笠書房）という本があるんです。

「これからは好きなことで生きていくって人材になるのが大事でっせ」っていうメッセージの、とてもいい本です。そこで書かれてる人の成長プロセスは、こういうことが必要なんだなと、思ったんです。武蔵野ＥＭＣの学生たちになってほしい姿は、まさにここで書かれてる「ダークホース」なんですよね。

この本の解説に書いているダークホース的な成功への過程は、

①自分の中の小さなモチベーションを見つける。

②一般的なリスクを無視して自分に合った道を選ぶ。

③自分の強みを自覚した上で、独自の戦略を考え出す。

④目的地のことを忘れて、充足感を今いただいてるか自問する。

という流れで成功をつかんでいくんだということですね。

最初は小さなモチベーションを見つけて、そこに従ってやっていく。一般的にこうとか、どうせ無理とか、世の中では言うけど、それを無視して自分に合った道を選んでいこうぜと。自分の強みを自覚した上で成功する戦略を考えてガンガンやってるうちに、目的地とかどうでもよくなる、今、充実しているか、ハッピーか？を自分で問うてみる。こういう流れでやっていくといつしかダークホース的な成功を収めます、ということがこの本では述べられています。

オンリーワンの成功っていうと、個別感があるように聞こえるけどそうじゃないと。再現性があるんだと。こういうふうな順番でやっていけばいいのだ、ということが述べられて、そこは非常に良いなと。僕自身、ダークホース的な成功のラインに乗ってるわって思ったんですよね。

自分の中の小さなモチベーションを見つける。世の中の人たちが笑顔になって、自分にもできることを何か言ってくれたら、もうめちゃめちゃ嬉しい。だから僕は教育の世界に身を投じるし、『1分で話せ』とか『0秒で動け』などの本を書いている。そういうことを感じていたわけですよ。

僕のスタートは、小さなモチベーションなんですよね。ものすごいモチベーションがいきなり湧いてくるはずがないわけですよ。『やりたいことなんて、なくていい。』（PHP研究所）という本を書いているけど、「これ、楽しい！ もっとやってみよう」と思えることが大事です。

今回、学生のみんなが塩尻のフィールドワークに、いろんな思いで参加しているはずですけど、そんなにモチベーションがなかった人も、来てみて「うわっ！」ってなっていると思う。

もともと地方創生とかに意識が高い学生は、「あっ、自分はこれをやっていけばいいんだ」って明確にイメージできたり、「これをもうちょっと突っ込んでいきたい」って次のアクションにつなげられた人もいるし。多くの学生がいろんなことを考えながら、地域を盛り上げるのに関わっていくのにこういうやり方があると、イメージが湧きました。

要するに、**小さなモチベーションって、部屋で寝てるだけでは生まれない**。当たり前なんだけどね。頭の中で考えて小さなモチベーションが湧いてくるかっていうと、湧いてこないんだよね。

人と話し、本を読み、それから旅をして、ということを経て湧いてくることだと思うので、今回の塩尻のフィールドワークってそれなんだよね。

事前に塩尻について調べて、ウェブ会議でアクションして、それで実際に現地を旅して、人と話をしながらいろんなことを学んで、「こうか！」って、より解像度が高くなって、次のアクションにつなげる。

そういう機会を作って、最初はピンとこないところがあるかもしれないけれど、一つ一つ積み上げていくと小さなモチベーションがいっぱいになってきて、その中でもっとこうしたいというのがより強くなってくるんだろうなということが見えちゃいました。

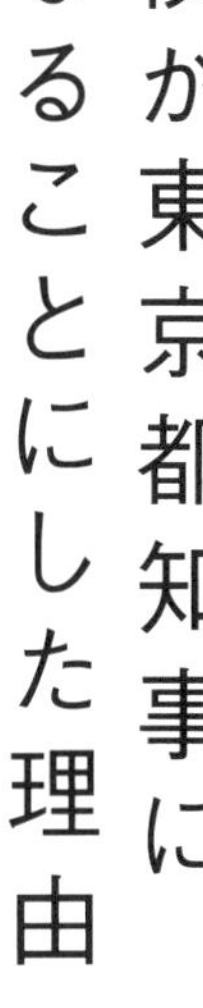

僕が東京都知事になることにした理由

キーワード　ライフデザイン、働き方、マインド

2021年5月2日「東京都知事になることにした」

いろんなニュースを見返してみてね、やっぱり我々ってつらい状況にいるなということを改めて認識したわけです。

初の新型コロナの緊急事態宣言の時に僕は、「皆さん大変だと思うけど、ぜひ宣言を守っていこうぜ」って呼び掛けていたんですけど、今はどう声をかけたらいいか、ようわからんです。

一方で、国とか東京都が出す指示について疑問に思わざるを得ないところもあったりして、正直、悩ましい状況であります。

そんな中、僕は何もしなくていいのかというとそうじゃない。都知事に文句を言うのはいいんだけど、文句を言ったところで選んでいるのは僕らなので。自分が違う人に投票していたとしても、その人を東京都知事にできなかった責任もあるわけで。だから、総理は駄目だとか政府は駄目だとか、役所は駄目だとか都知事は駄目だとか言ったところで、天に唾するだけだと思うわけです。

今は、政治に興味を持つことなく生きている人が多いですよね。ビジネス界の人でも、SNSで政治の話には触れない方が結構多いです。

でも、政治って我々の生活と直結してるわけでしょ。我々は政治の話をした方がいいし、我々ってどう生きなきゃいけないんだっけ?、そのために仕組みとしてはどうしなきゃいけないのか?っていうところをしっかりと議論すべきだと思います。

そういうことを1年前からずっと思っていて、Voicyの中でも何度も話をしてきたわけなんですけど。

でも、とどのつまり、数値に基づいてイシューを立て、そこから事象を構造化し、軸に基づいて仮説を決めてオプションを考えて、その中からこれだって思うところを意思決定して、それを周知していくという、そういうリーダーが必要だよなと思った時に、「そっか!　じゃあ俺、自分がやんなきゃ駄目だ」と、ツイッター(X)で書いたわけですよ。何書いたかっていうとこれです。

次の次の選挙で東京都知事になることにした。パワーと影響力を強化する。

午後1：21　2021年5月1日

無邪気に書いてみたら2000いいねとかになっちゃってて、そこら辺の真意をVoicyでお話ししていこうかなと思った次第です。

結局、「この人だったらついていこう」と思えるリーダーは必要なんです。で、僕は次の次の選挙で東京都知事になりたいんじゃなくて、「なることにした」というふうに言いきっちゃえばいいやと思ってツイートしたんです。ただ、自分が今、選挙に出て勝てるかといったら間違いなく勝てないわけです。知名度も資金力も全然足りないし、社会に対する影響力も足りない。政策に対する知見とかも、今、あるわけじゃないですからね。

でもよくよく考えてみると、政治家が政治経験があるからといって何か役に立っていることありますか、というと、そんなことない、ということもあるわけです。

もちろん、総理大臣なら間接選挙なんで、新人議員として人脈を作って、みたいな経験は必要だと思うんですけど、都知事っていきなり選挙に出られるわけじゃないですか。真っ当な判断力を持っていればなれるということでいうと、東京都知事はやればいいじゃんと思ったということです。

以前、東京ではないある自治体の市長選挙に出ませんかと言われたことがあったんですよ。こんなことをやれば勝てます、と言われて。俺、全然知名度もないし駄目なのかなって思っていたんだけど、いろいろ学んでみるとそうでもないことを知ったわけです。「今やっていることを投げ出すわけにもいかないだろうから兼務でどうですか」と言われたんですが、市長が兼務っておかしいじゃない。だからそれはお断りしたんですけどね。

これまで、政治に関する仕事をしたことがほとんどないんですけど、今僕は大学の学部を作ってそれを運営する仕事をしてるわけです。それまで大学の教員になったこともなければ学部を運営したこともないので、最初は全くわけわからなかった。でも、わからないことが起きたら、その都度解決すればいいわけです。それは政治家も同じだなと思います。

じゃあ都知事になろうというふうに思った時、なれるのは2028年以降だと。なぜならば、今は基本的には、武蔵野EMCを日本一素敵な学部にすることで頭がいっぱいなわけです。今は偏差値に基づいて大学を選ぶじゃないですか。だけど、偏差値は判断基準の一つでしかない。そもそも、これを学びたいとか、これをやりたいからこの大学行くみたいになるべきだという思いが強いんです。その選択肢の一つとして武蔵EMCができたら、日本の大学教育自体に一石を投じられると思っているんです。

それには4年間では足りなくて、武蔵野大学の中で「俺たちは大学教育をこういうふうにしよう」みたいなことを考えて動く人が出てくるまでは、僕は今の仕事を投げ出してどっか別の世界に行くというのはあり得ないんですよ。なので、2024年ではなく2028年。となると、7年後ですよね。

とはいえ、7年武蔵野EMCで仕事をしたら次の世界に行きます、みたいには考えてなくて。オンリーワンで、人によっては世界一最高だと思う学部を作って発展させる道筋を作ることができないんだったら、僕は死ぬまでここにとどまるわけです。7年とか5年とかでそれを実現できなかったら、永遠に多分できない。なので、5年ぐらいでそれを実現しようと固く誓って今やってるということです。

今、ツイートへのいいねが2000を超えちゃっていて、コメントは38、リツイート121、インプレッション28万8000、エンゲージメント4万3000みたいな感じです。

その中で「リベラルですか？　保守ですか？」みたいなご質問があったんですが、これ、今の政治ってリベラル、保守で割り切れないところがあると思ってて。「リベラルじゃない、保守でもない、俺だ」という感じだと思うんです。

あとアドバイス的には、区議会議員からやんなさいよ、みたいな声があったぐらい。都知事になるために区議会議員からやることが重要であればやるんですけど、正直、関係ないと思ってて。大学の新しい学部を作って学部長をやるのに、助手とか助教から始めるのかって。別にそんな必要ないでしょ。基本的には、前向きなご評価や応援コメントばっかりいただいて、ありがたいです。

そんなに簡単じゃないことはよくわかってます。だってさ、いいねが2万とか20万とかになっていれば、もっと具体的に考えていくと思うんですけど、２０００いいねぐらいですからね。都知事を目指すには桁が２つ違うと思ってます。

あと、何だかんだ金もいるし、人脈とか自分の力みたいなものも全部鍛えていく必要がある。ゆっくりやっていたらいつまでたってもできねえよって思うかもしれないけど、それはわかってるんですよ。

僕がこういうふうに言うことによって、他の方もよし出るぞって言ったりね。仮に、今の東京都の副知事をやっている宮坂学さんが都知事選に出てくれたら、みんなで応援したいなって思っています。そんな形で、自分ではなく他の方が動いたりという形でも良い。そうやって、使命感があり、東京をより良き方向に導きたいと純粋に思う人が増えたらいいと思うし、別に立候補するだけじゃなくて、東京をよくするために何ができるだろうかって思って動く人が増えていけばいいかなって思います。

この先、考えが変わるかもしれないですけど、今、この瞬間はそんなことを考えています。

ストレスが溜まったら、ちょっとの現実逃避をしよう

キーワード　日々の業務、マインド

2022年1月28日「ストレス、毎日溜まりますわな。」

最近、ストレスが本当溜まってて、今日は**ストレスとどう付き合うか**について話をします。**ストレスはゼロにはならないですよね。じゃあ、どうするのっていうと、1つはちょっとした現実逃避です**。本格的に現実逃避をしたら戻ってこれなくなっちゃうんで、ちょっとした現実逃避。僕の場合、楽器をやるんですよね。ギターと電子ドラム、それから、自宅から持ってきたエレキベースでスラップの練習とかしてるんだけど、これは現実逃避っていうか楽しいですよね。キーボードも買おうかなって思ってます。

あと、ユーチューブです。無限に時間を飛ばしちゃうので、ちょっとやばいですけどね。それから、ゲームもテニスゲームとか結構やっちゃうんだけど、これいつ飽きるかなって感じ。

いずれにせよ、現実逃避すると結構ストレスが収まります。

それから僕の癖ですけど、とにかくいろんなところを片付け始める。あとPCのデスクトップをきれいにしたりとかね。ダウンロードフォルダからめちゃめちゃ重いファイルを消したりとかやり始める。掃除をし始めるとストレスはどんどん消えていくみたいなところがあります。

さらには、とにもかくにも寝る。それも普通に寝るんじゃなくて、休日とか予定が入ってなかったら、とにかく起きて朝飯食ったら昼まで寝て、昼飯食ったらまた寝て、夕飯まで寝て夕飯食って寝るみたいな。そういうふうにすると、だんだんさぼっているのが嫌になって、1日ぐらいやると結構ストレスはなくなりますよね。

いずれにせよ、なんか現実逃避してるわけですよ。でも、ずっと現実逃避するわけにはいかないから、とにかく時間を決めて現実逃避してまた戻ってこようという感じで心を整えてるみたいなところはあります。

結局、ストレスがかかっていることは、あんまり否定しないというか、ストレスと向き合うということですね。それで、向き合うまでに心の準備をしてるんでしょうね、多分現実逃避をしながら。そうやって向き合っています。

皆さんにお伝えしたいのは、結局、**逃げたい時はやっぱり逃げるのがいい**し、ストレスなんか感じないで済むんだったら感じない方がいいんですけど、ストレスがいっぱいかかると結構慣れてはきます。僕は30年勤めてる中で、最初は全然耐えられなくて。メンタルもやられちゃったんですけど、その後、**ちょっとやってちょっとストレスを溜める、これなら大丈夫。で、もうちょっと負荷かけて、もうちょっとストレスかかるけど大丈夫、みたいなことをちょっとずつちょっとずつ繰り返しながら、ストレスと付き合えるようになってきました。**

ストレスを感じたくないからやめますかっていうと、全然やめる気ないし。夢を形にしたいよね。武蔵野ＥＭＣの学生たちの笑顔を見たいもん、みんなが成長する姿を見たいもん。ネバーエンディングストーリーなんだけど、これでいくとなったら日本中にそれを広げていきたいわけですよ。で、多分やればやるだけストレスに対する耐性ってできているはずなんで、ちょっとずつ、そうやって僕は永遠にストレスを感じながらやり続けたいと思ってます。

会社に入る前に、40歳か45歳ぐらいの先輩に「ストレスって感じなくなるもんですか？楽にスイスイ仕事できるようになるんですか？」って聞いたんですよ。「そんなわけないじゃん。どんどんつらくなるよ」って言われて、「そうなんだ。怖っ」って、不思議だなってその時は思ったんですけど、まあまあ完全にそうだよね。

チャレンジしたらストレスってかかるんだと。ストレスを感じないでできる人もいると思うけど、俺は無理なんだよね。だから、これを聞いてらっしゃるあなたも、今、ストレスが溜まる状況かもしれないし、クソって思うことがあるかもしれないけど、ちょっと現実逃避して心整えて、とやってみるのもいいかなって思います。

最近はよく、ストレスはあまり溜めないで気楽に仕事しようよっていう感じが支配的な雰囲気になっている感じもするんですけど、そうじゃなくて、ストレスを感じる時もあるけど、それはそれでしょうがない時もある。そこから全然抜けられないけど大丈夫なんだろうかって思うことあるかもしれないですけど、大丈夫です。僕もずっと抜けていないですから。

「羊一さんも6割ストレスなのね」って安心材料としていただければというふうに思います。

逃げられる時はそういう要因から全逃げ、やらなきゃいけない時は一時的に逃げ、それがちょっとずつ成長していくことによってストレス耐性は高まる。これは絶対そうです。だけど、ストレス耐性が高まった時にはまた、レベルの高い仕事をやっちゃうんですよね、自分で。だから結局ストレスは増える一方。これは人生の宿命ですよね。そういうチャレンジする人生を選んだから。

ということで、ストレス、みんな溜まってるよと。だけど、一瞬の充実のためにやってるよ。それをやるのが夢だから。そういう人もたくさんいるんじゃないかなって思ってます。そんなあなたを、僕はいつも、本当に心から応援してます。

時間を溶かさない方法

キーワード

働き方、ライフデザイン、日々の業務

2022年1月27日
「『やめる時間術』で時間を生む取り組みをスタート！」

毎日忙しいんですけど、忙しいって言うのは僕、嫌いで、何でも「大丈夫です」みたいに言ってたんです。でも、やっぱり追われてるんですよね、結局。もっと時間が欲しいなって思うようになったんだよなぁ。それでふと振り返ってみると、やりたいことがあるとか言いながら、全然進んでいないんだよね。

まず今の仕事として、武蔵野大学アントレプレナーシップ学部は一から企画して作っているので、いろいろあります。

それから2つ目に、ZホールディングスのZアカデミア。これはチームが成熟してきているので、自分の手はそんなにかかってないとはいえ、今、予算のシーズンじゃないですか。こんなことに金を使っていこうとか当然考えるし、セッションをやるにあたって、こういう感じでやっていこうよ、ということは当然のことながらあるし、1 on 1もある。そもそもZアカデミアって結構新しい取り組みをやってるので、当然のことながら仕事がいくらでもあります。

3つ目に、ウェイウェイの仕事。例えば講演活動ですね。それから執筆は今はやっていないけど、取材とか。あとグロービスの講義とかがあるわけです。

今、ざっくり3人分の仕事をしてるんですよ。単純にメールとか普通の3倍あるわけで、当然のことながらSlackもメッセンジャーもむちゃくちゃある。ツイッター（X）で入ってくることも、フェイスブックで入ってくることもある。あと、仕事が増えると当然、事務手間も増えるわけです。

アシスタントの方にサポートいただいても、やっぱり自分でやることも結構あって。このまだと永遠に時間に追われるだけだなと思って、我らがVoicyのトップスターであります、**尾石晴さんの『やめる時間術 24時間を自由に使えないすべての人へ』**（実業之日本社）という本を、こないだ購入したわけです。これを見ながら昨日ぐらいから、ちょっと始めてます。

まず最初に、この文章にガツンと来たよね。

「『時間の使い方』は、その人の人生そのもの、つまり生き方、価値観を表しています」。

これ、自分に言っている気がします。本当に「俺、できてねえじゃん」と。それで、マザー・

テレサの「思考に気をつけなさい、それはいつか言葉になるから」で始まるという一連の有名な言葉があるんだけど、なんせ、時間をどう使うかは人生そのものだって、おっしゃる通りなんですね。

元々予定が詰まっているので、空いてる時間の「この資料はここで作る」とか「この原稿はこの時に書く」みたいなことを全部予定して、それが実際にはどうだったか、計画と現実のギャップをまず見える化することに取り組んでおります。はい。

その上で**非常にいいなと思ったのが、「1日の目、1年後の目、それから10年後の目」で振り返りながらやってくといいですよ、ということ。**

「1日の目」は僕、あるんですよ。それと「10年後の目」もめちゃめちゃあるんですよ。でも、具体的にちょっと進めていくにあたって「1年後の目」はすごい大事なんですけど、そこができてなかった。なので、この1日、1年、10年の目は、そのまま活用させていただければと思いました。

見える化して、昨日1日で何に時間が溶けちゃったんだっけ?みたいなのが、すぐわかるわけです。引き算で、やめることを明確に決め始めています。

それで、『やめる時間術』には「マイ物差しを持つ」ということで、3つのモノサシで見てみるといいですよということも書いてあります。

例えば原稿チェックは、僕が表現しているものなので、全部ガチガチにチェックしていたんですけど、この本を読んでやめることにしました。PR担当の方、アシスタントの方にお願いして、そこからZアカデミアや武蔵野大学の広報に投げていただく。ちょっとやばい時は投げてもらい、それ以外僕は見ないとしたんです。それから日程調整とか資料の共有とかに関するメールも見るのをやめることにしました。そうすると、結構、時間ができてくるんですよね。

それから、どこで仕事をするかはその時の気分にしていたんですが、アシスタントさんに全部お任せしていこうと思っています。見える化した後、引き算を始めてます。

そうすると、この時間に何かできる！みたいなのが見えてくるわけです。

見える化力、引き算力、足し算力で、3つ目に足し算をしていきたいと思っています。

では、足し算についてはいろいろあるんだけど、まず、英語やりたいんですよね。今年の8月に海外に行く予定なんで、それに合わせてちゃんと毎日やりたいなってのが一つ。

それから、自宅からエレキベースを持ってきたのね。マーカス・ミラーみたいになりたいなと思って、スラップをちょっと練習したいなと。

あとは本を読む。荒木博行さんみたいに本をたくさん読みたいね。知的になりたいのよね。

それから大事なのは、人と会う、人とのコミュニケーションをガンガンやっていきたい。会いたい人をリストアップして、ちゃんとやっていきたいんだよね。

ビジネスの世界でも、アカデミックの世界でも大先輩の出口治明さんが「人生を豊かにするのは本を読む、人と会う、旅をする」とおっしゃっていて、それをやっていきたいですね。旅をするのは、コロナでテレワークになって、移動にかかる手間が本当になくなってきているので、日々旅するように暮らすこともできるんですよね。

だから本を読むこととか、人と会うこととか、ギターとか英語とかを足し算力でやっていきたいと思ってるんですが、できそうな気がしてきました。

『やめる時間術』をずっと読みながら、ここを「ちょっと詰める」という形で、予定を見える化して、引き算して、足し算して成長したいんだよね。本当に成長したいので、そんな時間の使い方をしていきます。

ということで、『やめる時間術』はおすすめですので、ぜひぜひ読んでみてください。みんなで時間をちゃんと生み出して、素敵なことに時間を使ってハッピーになっていきましょう。

日常にある「経験」に気づけるか

キーワード　ライフデザイン、マインド

２０２２年8月26日
「ネットの『炎上』に思う。学歴より経験、でええやん。違う意見でもいいけど。」

とあるメディアで8月24日水曜日に出た記事、「学歴中心の履歴書から経験中心の履歴書へ」女性起業家の発言が10か月経って〝炎上〟成田悠輔氏『最も格差を作り出す』と論破」についてツイッター（X）で出てましてね。なんだこりゃって思ったんですよね。

なんだこりゃというのは記事自体というより、なんでこんなのが炎上するんだみたいなことで。言っている女性起業家は平原依文さんっていう方で、僕もよく存じ上げてる方なんですけど、その方が２０２１年10月31日に「テレビ番組『若者１００人と衆院選挙の夜に考える「格差を解決する方法」【選挙ステーション２０２１】』の中で若者の格差をなくすための解決策として「学歴中心の履歴書から経験中心の履歴書へ」と回答して、それが今回10か月近く経って〝炎上〟している」ということです。

平原さんが言ってるのはその通りで、「学歴」を重要視しすぎることが格差の原因ではないかというふうによく言われてますよね。経済力がある人の子供は高い学歴になりやすいというのは因果と相関で言うと相関があると。因果関係もどうもありそうだなということだと思います。それに対して、学歴じゃなくてその人個人が持つ唯一無二の経験中心にと、平原さんが言うのはそれでいいじゃないかと、僕も思うんです。

自分で頑張って学歴高くしてえ、偏差値が高い大学に行きてえとか思うんだったら別にそれもいいんだけど、学歴とか、言葉を選ばずに言うと、何の役にも立たたんわというふうに僕は思うわけです。でも社会において学歴みたいなのを重視する馬鹿馬鹿しい風潮はまだ残っていて、これは、人を見る目がないと思うんですね。要するに人を見る目がないことで、そういうふうになっちゃっている現状を、平原さんはおかしいと言っていて、それで経験に基づいた方がいいんじゃないかみたいなことを言ったところ、ネットだと「子供の頃の経験となると99%、実家の豊かさがすべてになる」とか「親の金で海外留学とかって、結局そういうことなんじゃねえの」ということで、金がないと無理ですよねと。

成田悠輔氏は、経験中心の履歴書ではさらに格差が広がるのではと指摘、経験重視っていうのは最も格差を作り出すものなんじゃないか、だから結局、経験っていうのも要は経済格差って広がるんじゃないのと、そんなふうに言ってるわけです。

経験を積むっていうのは結局、格差が広がるみたいなことを成田さんは言ってるんですけども、でも全然そんなことなくね？と僕は思うわけですよね。

とある方は「別に親の経済力があろうがなかろうが、経験って作れるぜ」と書いているんだけど、まさに僕もその通りだと思ってて、経験は金を出して買うものだけじゃなくて、普通の生活でいろいろ経験できることはあるわけですよ。

履歴書を見る側もパッケージのスタディツアーを買って「NPO作りました」「社会起業家になりました」とかではなく、その人が持つ経験を生かす力を評価すべきであって、経験は経済力に関係なく得ることできるよね。

要するに僕は学歴より経験が大事だなと思うわけです。学習歴は大事だと思うんですよね。例えば受験勉強を通じてあなたは何を学び取りましたか、みたいな。「東大すごい」「早稲田すごい」とかそういうのではなくて、そういう受験を通じて何かを得た、受験勉強を頑張ってやったことを通じて自分はこういうことをつかんだって自分で気づいている人は、学習歴においてはめちゃめちゃ評価していいんじゃないかなと思うわけですよ。普通の生活で経験できるものってあるわけ。

例えばね、30年も前に僕は、旧日本興業銀行を受けました。2次面接で面接官の人と話が全然嚙み合わず、もう駄目な感じだった。その時に起死回生の一打を放ったんですよ。

それは何かというと、「俺は天才なんだ。生活の中で発見をして、それを経験として生かすことができることを発見した。何かというと2つある」と。その頃、僕はタバコを吸っていたんですけど、「タバコの煙が口から出る瞬間は口笛が吹けないということを発見したんですよ」と。現実、タバコの粒子が出ている時は口笛を吹きづらいんですよね。「それもそうだし、イヤホンを鼻に入れるとめっちゃすごい、どっから聞こえてきたかわからないような音になるんですごいでっせ」と。「こういうことを発見するのが大事なんじゃなかろうか」みたいなことをとうとうと訴えたんですよ。そしたらね。「もう帰れ」みたいな感じだったのが「ちょっと待って」って言って、「次、お願いします」みたいな感じになったんですよ。次のステップを勝ち取ってね。その瞬間、嬉しかったです。

いきなり就職の面接でそんなこと言う人、いないわけですよ。だから面接官もびびる。面接官がびびったら次のステップにいける、みたいな。

だから、経験は日常に転がっていて、それにいかに自分が気づくかだということですね。日常で得た経験を気づきとして履歴書とかに書けばいいわけですよ。

いくらでもそんな気づきなんか得られるわけです。

例えば今日、人間ドックは朝8時10分から受付開始なんですけど、道が結構すいていたので15分前に着いたんですよ。とにかく早めに並んでたんです、することないから。1番だったんですよね、受付が。そしたらものすごいスピードで進んで。全部空いているわけでしょ。適宜、いろんなルートから検査を始めていくんだけど、それにしてもやっぱり1番の人はどんどん進んでいくんですよ。僕が渋滞したらその次の人はもっと渋滞するし、10番目の人はもっともっと渋滞するわけでしょ。

ボトルネックを絶対起こさないということを考えると、1番の人はまず間違いなくものすごいスピードで終わらないといかんわけですよね。通常2時間はかかる人間ドックが1時間ぐらいで終わっちゃったんですよね。

これも経験として生きるわけですよ。「1番に入る」というだけじゃなくて、「やっぱりボトルネックを起こさないようにするのは大事だな」とか。これが僕は経験だと思うんですよね。人間ドックはお金、かからないでしょ？ 企業が出してくるから。それからさっきの話ではタバコ代とイヤホン代がかかりますが、これ、親の経済力とか関係ないからね。日々の生活で経験なんか積めるわけですよ。

僕だったらスタディツアーなんか行かないで、こういう経験したと履歴に書く。多分それで通る。なんで炎上するのか、わからないですね。

僕が言いたいのは、要するに、経験なんてお金で買わなくてもいくらでも積むことできる。振り返って気づくことでいくらでも経験で積めるということです。

あと、例えばツイッターだと140字しかないしね。メディアとかに出る記事も全部を紹介しきれているわけではないんですよ。だからそういうのを見て、鬼の首をとったみたいに「これは違うんじゃないの」とか「俺はそういうのは嫌」みたいな感じで炎上するのはどうかなと。

そもそもの記事に関して、学歴とか経験とかに関してはいろんな意見があっていいと思うんだけど、誹謗中傷とか炎上させるのはやめようや、みたいなそんな感じですよね。というのは付け加えて言っておきたいなと思いました。

世間の目なんて関係ない

キーワード　マインド

2022年9月20日
「人生は短い。チャレンジ宣言。」

武蔵野大学アントレプレナーシップ学部の仕事を始めて、準備を含めてざっくり3年です。それまではいろんなところに出向いて人とネットワーキングするとか、人に対してアクションをしてきたんですけど、この3年間はかなり抑えてたんです。学部を作ることに専念してきたので。

ところが、今年7月ぐらいに思ったんです。学生たちは素晴らしく成長してきて、「高い志と倫理観に基づき失敗を恐れずにチャレンジし、社会に新たな価値を創造していく」というのがアントレプレナーシップなんですが、だいぶそうなってきたと。あとは、このストーリーのまま積み上げていけばいいなということが見えてきたんです。加えて、海外研修、インターン、ゼミの3つをしっかりとできたらOKだと。社会に対してこれをどうアピールしていくかとか、

ＥＭＣというベースを社会にどうつなげていくかを考える段階で、そのために、僕はいろんな人と会う必要があると思ったわけです。今度は外に向かっていく準備が本当に整ってきたなという感じです。

僕は、就職として武蔵野大学アントレプレナーシップ学部の学部長をやってるのではなく、プロジェクトとしてやっています。だから、ずっとこの仕事をして最後にリタイアするということはありえないわけです。僕は武蔵野大学が好きだし、アントレプレナーシップ学部は自分たちが精魂こめて作ってきた学部だし、何より素晴らしい学生たちの成長を見てたいなというのがあるので、当然やり続けますが、定年までやるとかっていうのはないです。僕もなるべく、長くいい関係でやれたらなと思いますけど、武蔵野ＥＭＣが次のステージに進むために、僕がいることによって逆にサステイナブルじゃなくなることもあり得るわけですよ。

今そんな話をすると、「こいつ、辞めたいのか？」って思われるかもしれないけど、それは違います。

Ｚホールディングスの仕事も４、５年ぐらい前から契約社員としてプロジェクトの受託もしています。立場としては、最大の契約先って感じです。必要だと思えば契約していただくし、必要じゃないと思ったら切られるっていう、本当にイコールな契約関係の中でやってるということです。これ、グロービスもそうです。

だから、「永遠にやり続けるぞ」って一番思っているのは、実はＶｏｉｃｙだったりします。

Ｖｏｉｃｙは自分のライフワークだと、強く思ってます。それ以外は、移ろいゆく可能性を持っていると。ただ僕は武蔵野大学もヤフーもＺホールディングスもグロービスも好きなんで、契約関係が成り立つ限りはやりまっせということです。

世の中に対していろんなことをどう打ち出していくかということでいうと、武蔵野大学はＥＭＣというすごく魅力的なムーブメントで、外との接続を強めていく。それからＺアカデミアでは、Ｚホールディングスというものをしっかり形づくっていくわけです。

Ｚホールディングスってわからないでしょ。知っていても、ヤフー、ＬＩＮＥはわかるかもしれないけど、Ｚホールディングスってどういう集団かってわからないでしょ。ちなみに言っておくと、ＬＩＮＥ、ヤフー、ＺＯＺＯ、アスクル、一休、ＰａｙＰａｙなどの会社が集まってＺホールディングス。グループなんですよ。グループとしての一体感というか、Ｚホールディングスは何？みたいなところを作っていく必要があるんです。それを作るための手段として僕がやっているＺアカデミアは非常に重要なんですね。そのためにも、僕がアイコンになってみんな集まってくる状態を作ると。

あと、本とかちょっと売れちゃって、それなりに印税が入ったんですが、ご縁があって数社のスタートアップの出資をする機会に恵まれまして、ものの見事にすっからかんになったんですよ。もちろん、資金が全部すごい形で返ってくると思うから投資するんですけど、場合によっては返ってこない可能性もあるわけで、足元はまあゼロです。

半年前にはドーンとあったのがすっからかんですよ、って思った時に、もうね、めちゃめちゃ元気になるんですよ。**すっからかんになると、「やるぜ〜！」「稼がなきゃ」みたいな感じになるのはすごい嬉しくて、そうするとギラギラしてくるわけです。**幸いなことに、僕は契約している武蔵野大学とかZとかからお金をいただけるわけだけど、ヒリヒリした状況に身を置くことに成功したということです。

そういうヒリヒリした状況の中で何をするかってことですが、まずは武蔵野EMCというものすごいコンテンツを世に紹介したいというところがあります。それから**アメリカ・シリコンバレーの感じというものを、もっと日本に持ってこないと駄目**ですということ。大企業で働いてる人でもっとイノベーティブなことをやっていきたいという人を集めて、何かやる場を作ろうと思っています（※2024年4月現在、Musashino Valley はすでに始動）。

やっぱり、儲かる事業、人が集まる事業をちゃんとやっていきたいというふうに思うわけです。だからこれを聞いていただいてる皆さんもぜひ、僕らのそういうチャレンジに金を出してほしい。金がないんだったら頭を出してほしいし手足を出してほしい。さらにそういうことも難しいなら、応援だけでもしてほしいです。

チャレンジしようと思ったらいくらでもチャレンジできるっていうことです。

チャレンジを妨げるのは何かというと、「世間の常識」みたいなところですね。いい歳してとか、家族もいるんだしとか、そんな何か思いつきでやってどうなの？とか、あんた、そこらへんの専門知識もないじゃないとかね。いろんな世間の目みたいなのはあるかもしれない。そんなの、どうでもいいんだよ。俺がやりたいからやるんだということでチャレンジしていく。「そもそも年齢って何か意味あんだっけ」とか「私は老害になるから、ちょっと若い人に道を譲る」とか、道を譲る必要はなくて乗り越えてってくれればいいわけで。というか、乗り越える必要もなくて、みんなで頑張ればいいじゃんと思ってて。1人でも多くの人がやる気になったら、社会にとってハッピーなことじゃない。だから若い人は「よし！　羊一さんが頑張ってるなら頑張るぞ」って、シニアの人は「羊一さんも頑張ってんだから頑張ろう」っていうふうに思ってくれたら嬉しいなと思ってます。

すっからかんになって、俺はまたギラギラやってくぜって感じで、よろしくお願いします。

夢は小分けして叶える

キーワード　マインド

2021年2月26日
「夢を楽しく見る極意」

一昨日、昨日と、みなとみらいに来て1人合宿をしていて、今日これからオフィスに戻るんですけど、今いる部屋は地上49階です。サービスアパートメントというスタイルで、ホテルというよりマンションみたいな部屋の作りで、すごい広くて住んでると錯覚するような場所なんです。窓から外を見ると、横浜のみなとみらいの海岸沿いが一望できるわけです。インターコンチとかを上から見る景色なんですよね。この角度で見ることは写真でしかなかったんです。そんな光景を見ながら放送するのはすごい気持ちいいなと思って、これを見ながら夢について話してみようと思います。

僕、漫画をよく読むんですけど、『野望の王国』（雁屋哲原作、劇画由起賢二、日本文芸社）

とか『サンクチュアリ』（史村翔原作、池上遼一作画、小学館）とかどんどんのし上がっていく内容の漫画って、見てると高い所で腕を組んで、「俺はこの東京を支配してやる」みたいなセリフがよく出てくるわけです。だから、この景色を見てると「俺は今、このみなとみらいのきれいな土地全体を支配した！」みたいな気持ちになれるんですよね。完全に妄想なんですけど、腕組みして仁王立ちしてそんなことを思っちゃうんです。

『野望の王国』に僕は20年前ぐらいにハマって、高い所できれいな景色を見てると「俺はこの景色全体を支配してる」とか思いたくなっちゃうんです。中2病ですね。

六本木ヒルズライブラリーでも、朝7時に行きまして、誰もいないところで仁王立ちして外を見ると東京が一望できるので「俺は今、東京支配している」という気分になってめっちゃ盛り上がるということをしていました。

そんなふうに言ってみたいなという憧れがあって、それも夢と言えば夢と言えるわけです。いつか「支配している」とか言ってみたいなって思ったりしてました。

例えば、タワマンにもちょっと憧れがあったんですよ。おしゃれなところで、階下に素敵な景色がめっちゃ見えるみたいなのが憧れだったんです。

今、一時的であってもタワマン感を満たしていて『野望の王国』の状況も満たしてる。これ、最高やん！と。夢が叶ってるわけです。

こんな日々なんですよ、僕。これがなんで実現できているかというと、全く何もしないでできているかというとそうではなくて、一つに、1人合宿できるぐらいの仕事の余裕を作れたということがあります。もう一つ、今、この瞬間、作業しなければいけないことは朝に片付けたので、余裕を作れていることもあります。

この景色を支配しているなんて、何となく思ってるだけですよ。でも、例えばこの景色の中の何かしらに自分が絡んでることがあって「このプロジェクトに俺は絡んでる。つまりこの土地全体に俺は絡んでいる。つまり俺はこの土地を支配してる」みたいに思うのは自由じゃないですか。

タワマン感を味わうのには、そんなに高くはないけれど、何万か出せるぐらいのお小遣いで実現した。それから追われる仕事だけじゃなくて、追うことができる仕事をしているから実現できていることではあるんだけど、これは、めちゃめちゃちっちゃいこと。めちゃめちゃちっちゃいけど、俺は今、『野望の王国』感を味わえているわけですよ。

これはすごい大事だなと。

夢が叶うとか叶わないとかって要は考え方次第。

『野望の王国』いいじゃん！って思ったら、それをパーツパーツで分けて見て、そのものは実現できなくても、ちょっとお金をためて、ちょっと仕事の余裕を持って、ちょっと高い所に行って腕組みして「俺は支配した」とか言っちゃったら、もう実現するわけなんですよね。馬鹿でしょ。馬鹿なんですよ。つまり、**いかに馬鹿になるか、いかにポジティブになれるか、いかに斜に構えないで「おおぅ！　今、野望の王国じゃん！」みたいに思えるかどうかが大事なんじゃないかなって思うと、人生すべてそういうことかなと。**

前向きにポジティブに捉えて「うおー！」とか言ってるということは、実は一番重要なんじゃないかなと思った次第です。

僕はそういうふうに具体的に「うおー！」とか声を出して言うようになって、確かにすごいハッピーになってきてますよね。

ということで、結論、夢を見るから転じて声を出しましょう。「うおー！」とか「すげえ」とか「ヤベェ」です。ぜひやってみてください。

僕を作り上げた5冊

キーワード　ライフデザイン、マインド

2022年7月26日
「きっかけをくれた4冊」

きっかけとなった一冊ということで、人生を決めたような一冊が自分の読書歴の中であるかなと思っていたんですけど。ないんですよ。ただこの一冊が俺の頭を育てたというか、この一冊があったおかげで俺はずいぶん成長したっていう本は結構あるので、その話をしていきます。

何冊かあるんです。挙げていきますと、2006年に内田和成さんが書かれた『**仮説思考**』（東洋経済新報社）、それから2010年、同僚の安宅和人さんが書かれた『**イシューからはじめよ**』。そして2010年、楠木建さんが書かれた『**ストーリーとしての競争戦略**』（東洋経済新報社）、そして2014年、尾原和啓さんが書かれた『**ITビジネスの原理**』。この4冊が、まず僕を作り上げた4冊と言えるかなと思います。

全部実は初版で読んでるんですよ。おっと思って飛びついて、その後みんな売れました。出版年を申し上げましたが、２００６年から２０１４年までということで、この10年はざっくり言うと、自分がグロービスに通い始めたのが２００５年で、通ってたのは２０１１年まで。プラスにいたのが２００３年から２０１４年まで。プラスに入ってグロービスに通い始めて、ヤフーに移る前ぐらいまでに読んだこの４冊は、自分を構成するのにすごい印象的だった本ということです。

『仮説思考』は、仮説を立てるということを僕、この時に初めて知ったんですよ。何か考える時にまず仮説を描くとイメージが頭の中に浮かんできてそれを実証していくということを、この本で知りました。

『イシューからはじめよ』は、ロジカルシンキングをツールとするんだけど、イシューを立てて、イシューを解決していくということなので、イシューから始めるのはすごい大事だということで、すごく学びました。

『ストーリーとしての競争戦略』は、やっぱり戦略は整合しているということを学んだ本です。

そして、『ＩＴビジネスの原理』は、ヤフーに入ることが決まってからこの本を読んで、「インターネットビジネスって、こういうふうになっているのね」って初めて学んだ本ですね。

もう一つ印象深いところで言うと、内田和成さん、安宅和人さん、楠木建さん、尾原和啓さんを、その当時は当然存じ上げなかったんですけども、2015年以降、ここ5年ぐらいでこの方々と知り合いになったというところもあります。

自分がぐんぐん成長していった10年に読んだ本はすごい印象的だったんだなって改めて思うわけです。本から学んだものってすごく大きいですよね。

子供の頃もいっぱい読んでるんですけど、人生を変えるような本には別に出会っていなくて、40歳近くまでもこれだっていう本は、あんまりなかったです。

読んで成長するということがあるので、やっぱり本は読まなきゃなって改めて思いました。

昨今このレベルで衝撃だったのは1冊だけありまして、2020年の安宅和人さんの『**シン・ニホン**』（Newspicks パブリッシング）ですね。文芸作品とかはあんまり読まなくて、ビジネスですねやっぱり。

『シン・ニホン』も含めてこの5冊に共通しているのは、**会社で読んで家で読んでということをしようと2冊買った**ことです。

僕を作り上げたと言える5冊は、今でも僕の大好物というか、ことあるごとに読み返すんですよね。

本はいっぱい持ってて、寝かしてワインみたいに熟成させているみたいなところがあるんですけど、やっぱりちゃんと読もうと。ついては、いっぱいありすぎて読む気にならないなと思って、「ブックオーシャン」というサービスで本を預かってくれるということなので、大学の授業で参考にするもの以外はとにかくいったん全部預けちゃおうと。寮にある本、オフィスにある本、それから家にある本も、どんどんここに預けています。すごいスカーッとしてます。ブックオーシャンは本棚として登録してくれるので、それを見ながら「これを」という時は取り寄せて読んでみることをやってみたいと思っています。

やっぱりね、成長した時に読んだのがこの5冊ということを考えると、逆に言うと本を読まないとイマイチと思うところもあるので。新しい本にガンガン出会っていこうと思います。ガツンとね、自分が成長できる本。そんなものを探していきたいなと改めて思いました。

自分の夢を笑わず、有言実行でいこう

キーワード
働き方、ライフデザイン、マインド

2022年11月17日
「自分の夢を笑うな。」

「人の夢を笑うな」ということについて話します。

Zアカデミアって Zホールディングスの企業内大学で、女性リーダークラスをやっています。ここでは、悩みながら日々一生懸命頑張っておられる女性たちが参加して、子育てとか時短勤務などで感じる悩みとか、女性ならではのキャリアの悩みとかについて話をしていて、今回、第7期が始まりました。1回24人ぐらいの方にご参加いただいたので、これまでの参加者が100人超えたというですね。

最初に女性リーダークラスをやる時は、僕らの中にも「男女って平等じゃん。だから、女性リーダークラスをことさらに分けるって何かおかしくね?と言われないか?」っていう葛藤があったんです。

男性って今まで下駄履いてやってきたわけですよ。例えば50年前とかのリーダーは、男性が働く、女性は家にいるみたいな価値観だったわけでしょ。そんな中、男性が活躍してきて、そういうルートが出来上がってきたから、女性は明らかに不利な状況にあった。それがそうならないように女性にチャンスを提供していくのは意図的にやっていかないと駄目だと思ってます。それは必ずしも実力なくても登用すべきだということではないですよ。なんだけど、チャンスがあったら女性をどんどん登用すべきと思っています。「女性リーダー」という言葉がこの世からなくなるまで、この女性リーダークラスをやり続けるつもりです。

女性リーダークラスは、本当に皆さんすごく真面目に参加されます。それに、女性だけという心理的安全性があり、言いたいことはなんでも言えるって環境の中で、いきなり自分がオープンになる。そして1人がオープンになると他の人もオープンになって、深い話題についてもみんなで提供し合うんです。そうして深い話をしたり聞いたりすると、いろいろ考えさせられて感動していますっておっしゃる人がたくさんいます。

多くの女性たちは、苦しんでるんですよね。でも職場ではなかなか言えず、何かモヤモヤしながら頑張って生きてる。その中でオープンにできると「私もそう思ってた、こういうふうにやっていきたい」と夢を語るようになります。それは女性リーダークラスだろうがそうじゃなかろうが、夢を語ってこうぜっていう話なんです。

それで、最初のセッションでは2つの対話をしました。

最初のセッションでは、いろんなニュースとか家族の話題、自分の仕事に関してこの1年を振り返って、どうだったか考えてみてくださいって対話。その後、そこからの気づきって何ですか、それから自分はどう行動していく時にはどうしますかという対話のセッションをしたわけです。今年で言えば、ロシアがウクライナに攻め込んだとか、安倍元首相が狙撃されたとか、あとコロナですよね。そんな話題に基づいて対話をする。そして2つ目のセッションでは、そこからの自分に引き寄せての気づきを対話したわけです。

最初のセッションについて言えば、自分自身の振り返りは自分にしかわからないので、堂々と言えるでしょう。だけど、ロシアがウクライナに攻め込んだことに関しては、自分の考えを言っていいんだろうかとか、それは正解だろうかとか思っちゃう人っていると思うんです。すると、「正解かどうかわからないけど」とか「私の理解が正しいかわからないですけど」と言いがちだけど、そういう言葉、前置きは言わないでくれと言って対話してもらいました。

それから2つ目のセッションに関しては、自分の気づきとか、どう行動するかについて話してみてもらいました。気づくということを意識して行動されている方は気づきがどういうものかがわかるけど、初めて意識された方にとっては気づきが果たしてこれなのかわからない。だけど気にせず、気づいたと思ったことは全部正解だから、「これが正しい方向かわからないですけど」みたいなことを言わないで、と言ったわけです。うなずいておられる方が結構いたので、そういうことをついつい言ってしまう方って多いんじゃないかなと思いました。

そして**自分の夢みたいなことを考える時に、「笑われちゃうかもしれないけれど」**みたいな**前置きは全然不要なんですよね。反対に、人が夢を語った時にその夢を笑うのはよくないよねということなんですよ。**だってさ、僕らって、何か思いがあって生きてたり仕事をしてたりするわけです。なのに、**夢を熱く語ると「うわー、意識高い系」とかってなるのはおかしくね？っていう話ですよ。**だから夢を語っていいじゃん。**その人の夢を笑わないし、自分の夢も笑わない。**

「ゾワワの神様」（うえはらけいた、https://note.com/keitauehara/n/n49beab572060）というＳｍａｒｔＨＲさんのワークデザインアワードでコンテンツ部門で受賞された、僕が非常に好きな漫画があります。その第5話に「D川さん」というエピソードがあります。クリエイティブディレクターのD川さんが、クリエイターが絶対にしたらあかん３つのことを挙げてる。１つ目は人のアイデアを笑うこと、２つ目は自分のアイデアを笑うこと、３つ目は漫画のオチになってるのでここでは言いませんが。

このマンガでは「アイデアを笑うな」って書いてるんですけど、これを夢と言い換えてもいいんだと思うんですよね。要するに、恥ずかしいことを、無茶だろうが青臭かろうが必死に考えて人に表明すると、夢っていうのがどんどん現実に向かっていくわけです。自分で言葉にしてみるっていうのもそうだし、聞いてる人はそうだねっていうふうに思うし、だからやっぱり自分がやりたいことってどんどん口にすべきだと思うんですよね。成長するというか、グワーッと進んでいくことをみんなしたいわけじゃん。それってやっぱり「自分はこう思う」ということを言って実行する方が、より周りも巻き込めるし、いいわけですよ。「あの人、こういう夢をかかえているのね。それを応援しよう」みたいな感じになりやすいし、言葉にした時点で自分自身もコミットするしね。僕がＶｏｉｃｙで夢みたいなものを語っているのはそういうことで。だから**不言実行じゃなく有言実行でイメージを固めて実行していくのがいいんじゃないかって**思います。

僕もみんなも必死でこの夢に向かっていく。そういうふうに思うと、人の夢を笑わないし、自分の夢も笑わないよね。そういう社会を僕らは作りたいよねっていう意味を込めて、女性リーダークラスでもそういうことで自分の思いとか自分の発言に「正解かどうかわからないですけど」みたいな言い訳はいらないよという話をしたわけですね。

人の夢に対して「どうせ無理」とか「現実を見ろ」って言うのに意味があるのかということです。自分ができなかったのにできるのが悔しいとかで言ってるんやないかと、僕は強く問いたいわけですよ。

そうじゃなくて、みんな語ろうよ。自分の夢も正々堂々と言おうと。

そんな社会にしていきたいと強く強く思ってます。

俺は毎日でも言い続けるよ。

また今日も暑苦しく語っちゃいました。

「話す聞く考える」スキルがあればどこに行っても大丈夫（後編）

――聞き手：宮本恵理子

Voicyで発信している本質は「公開型・伊藤羊一の学びスタイル」

――Voicyの放送での「昨日こんなことがあって、○○さんからこんな話を聞いて感動しました」といった語りを通じて、リスナーの皆さんは羊一さんの「聞く技術」や「貪欲な吸収力」を感じ取っていると思うんです。濃密なアウトプットの源に、これだけの愚直な学びの姿勢があることを、自然と示してくださっている。お手本になりますね。

お手本になっているかはわかりませんが、僕は「アホ」から始まって、自ら学ぶ努力をして、今ここにいる。今は「ロジカルに話すプロ」みたいに認知していただいていますが、努力して鍛えた結果なんです。

「話す　聞く　考える」をひたすら繰り返さないと成長しないことを、僕は経験として知っているから、「アホが出発点だぜ」と伝えたいという気持ちはすごくありますね。

――なるほど。「アホ発マインド」が最強だということですね。

ですです。もう一度言いますが、僕は本をほとんど読まないので、人と向き合う時間の中で学ぶサイクルを高速で回すしかないんですよ。

もちろん一人で考えるだけでも、ものすごい気づきに至ることもあります。それで興奮して人に話すと、「それね、アリストテレスがすでに言っていることだよ」と教えてくれて、さらに興奮するわけですよ。「俺、あのアリストテレスと同じこと思いついちゃったのかよ！」って。

さらに、サルトルが言っていることもプラトンが言っていることも思いついちゃったりして、「すげえな。人間ってこうやって思想を発展させてきたのかよ」と感動すると同時に、「待てよ。これ、自力でやってると現代の思想に至るまであと２０００年くらいかかっちゃうよな」と冷静に考えたりもするわけです。

だから、先人の知恵を凝縮した本を読むべきなんですが、僕は本を読むのが苦手な上に、確定申告もあるし、学部のカリキュラムも考えないといかんので、時間がないわけです。だから、目の前にいる人から全吸収する勢いで学ぶのが僕のやり方。アホとして聞きまくって、考えて、話して、「へぇー！」、「ほぉー！」、「まじか！」と吸収しまくる、高速で学ぶサイクルをめちゃ意識していますね。

学生も「羊一さんは先生なのに、いつもフラットに僕たちの話を聞いてくれるから大好きです」なんて言ってくれて、ありがたいなと沁みます。

——誰からもフラットに学び取る。そんな姿勢を毎日オープンに表現しているから、初対面の方も安心して羊一さんと会話できるのかもしれませんね。

たしかに、結構、初対面の人とも会話がスムーズに始まることが多いですね。

放送の中で自分からわざわざ言ったことはないし、これからも言うつもりはないけれど、僕がＶｏｉｃｙで発信している本質は「公開型・伊藤羊一の学びスタイル」なんですよ。

それを自ら感じ取ってくださる方にとっては、この本は「もう知っているよ」という内容でしょう。でも、きっと多くの人はそうと気づかず、ただ僕が「今日もしんどいですー」、「今日はちょっと元気です」と徒然草を語る番組だと思っているんじゃないでしょうか。

そういう方にとっては、こうしてエッセンスを可視化したこの本はより新鮮に映るかもしれませんね。

仕事は苦行だけど、充実感を得られるもの

――今おっしゃったように、羊一さんは本当に隠さず「しんどい」「つらい」「やばい」とおっしゃっていますよね。これは何か意図が？

いや、マジでしんどいんです（笑）。だって毎日ひたすら放送するって「苦行」でしかないです。ラクだと思ったことは一度もないです。

でもね、仕事も勉強もなんでも「苦行」じゃないですか。大学の新しい学部を作ることも、イベントを立ち上げるのも、出来上がって世の中に発表できる瞬間は華々しいけれど、それ以外のプロセスは全部、苦行だらけです。苦行なんだけれど、充実している。それが仕事ってもんだと思っています。

つらくてしんどいけれど、出来上がったものを見て触れてくれた人が「よかった」「感動した」「ありがとう」と言ってくれただけで、「ああ、頑張ってよかったな」と報われる

ことを僕はつかんだんですよね。

以前、テレビのドキュメンタリー番組で（スタジオジブリの）宮崎駿監督が「しんどい、しんどい」って言いながら映画のコンテを描いているのを観て、「おお、俺と同じだ！」と震えましたよ。日本が世界に誇る宮崎監督でさえ、全然ラクをしていないのだと知って、まだまだ頑張らないといけないのだと勇気が湧きました。

――緻密で高度な仕事を積み重ねた人だけが至る境地なのでしょうね。

仕事が苦行でしかない。考えてみれば、それはそうですよね。外側から見て遊んでいるように見える仕事も、実情はしんどいに決まっているんです。

僕は音楽が好きなのですが、ミュージシャンだってそうだと思います。海外の大物ミュージシャンがライブツアーの後に打ち上げして派手に馬鹿騒ぎしていたと聞いたことがありますが、あれもそこまでの準備が苦行だからですよ、多分（笑）。

――そういえば最近、ビリー・ジョエルのライブ鑑賞に行っていましたね、羊一さん。

行きましたよ。最高でしたよ。ビリー・ジョエルは74歳にしてもうすべて自分の表現を出しきっているんでしょう。だから、日本での公演は1回きりで、終わった後はきっと孫とショッピングでも楽しんだんじゃないでしょうか。

僕はまだ50代で、まだまだ創作意欲が湧くわけです。「よっしゃー、ここから『Piano man』をつくるぞー」とか「『You may be right』もつくってみせるぞ」とか、苦行に突っ込んでいくんですよね。

――そうやって苦行を重ねることで見えてくるものがあるんですか。

逆にそうしないと何も見えないんじゃないですか。だって僕は、帰納法的アプローチで、学びを得るスタイルだから。

――なるほど。苦行でありながらも充実感を得て、自分の成長を感じられる毎日っていいですね。

自分でもわかるんですよ。どう考えても俺、成長しているよなって。それはやっぱり、毎日同じリズムで量をこなしているから違いがわかるんですよね。

「話す 聞く 考える」はリーダシップ、アントレプレナーシップのベーシックスキルにも

――「話す 聞く 考える」のスキルを身につけていくと、羊一さんが育成に取り組んでいるリーダーシップやアントレプレナーシップの向上にもつながるのでしょうか？

全部つながりますよね。なんて言うと、雑に聞こえるかもしれませんが、僕の中では「話す 聞く 考える」というベーシックスキルを鍛えて自分を成長させていくことは、仕事でリーダーシップを発揮することや、さらにイノベーションを起こしてアントレプレナーシップを発揮すること、自分自身のキャリア開発をしていくことに全部つながる。同じなんですよ。

つまり、自らを成長させ、人と協力しながら、結果を出していく。大きなうねりをつくるアクションとして、全部つながっていると思います。

――全部同じなんですね。

そう。ちょっとずつ切り口の角度を変えて表現しているだけで、僕からすると全部、やっていることは同じだという理解です。

――学び取り、自分自身を導きながら、目の前の人と一緒に問題解決をしていくプロセスなんですね。

そうそう。めちゃめちゃシンプルに言語化すると、「世界を幸せにするために、自分を鍛えて、仲間と一緒に行動をし続ける」。そんな活動をひたすらやっているわけですよ。

僕が武蔵野ＥＭＣで学生に向けて取り組んでいるアントレプレナーシップ開発とは、「新しい挑戦に失敗を恐れずに踏み出して、新たな価値を生み出していくマインドを育てる営み」です。これは、グロービスやＬＩＮＥヤフーでビジネスパーソンに向けて取り組んでいるリーダーシップ開発とほぼ同じです。

――はい。つながりますね。

要は、自分自身をリードすることからスタートして、その姿を可視化することで、周りもついてくる。

リーダーシップの源泉は「Lead the self（自分自身を成長に導くこと）」である。これ、キャリア開発にもなりますよね。すなわち、リーダーシップとキャリア開発は同義であり、同時進行的に起こるものだと僕は考えているんです。

――わかりやすいです。

リーダーシップとキャリア開発を磨きながら、失敗を恐れずに前へ進んでいくと、自然と新しいチャレンジに踏み出すことになる。このイノベーションの要素を加えたら、アントレプレナーシップも磨かれるという。

これ、全部つながっていて、その起点となるベーシックスキルが「話す 聞く 考える」なんです。「話す 聞く 考える」を日常的に鍛えていかないと、自分も成長しないし、志が育たないし、相手にも伝わらないんです。だから、毎日やらなきゃならんのです。

――なりたい自分や目標の実現のために「話す 聞く 考える」は不可欠だということですね。

はい。絶対必要ですね。まずは個人起点で自分のやりたいことを達成する目的から始めていいと思います。僕自身は「世界を幸せにしたい」という思いがすべての活動のモチベーションであるわけですが、「金持ちになりたい」とか「タワマンに住みたい」という動機から始める人がいても全然いいでしょうし、「チーム全員の笑顔が見たい」という動機の人もいるでしょう。目的はなんでもいいです。

大事なのは、自分が握っている目標に向かって、最大限の自分を発揮すること。その姿を見て周りはついてくる。人が周りに集まってきた時に必要になるのが、「話す 聞く 考える」。自分自身を鍛えると同時に、チームマネジメントも磨かれていくんですよね。結果として、個人の力、チームの力、社会の力を育てる活動の広がりへと発展していくイメージです。

日々の徒然草を発信することで、自己認識の感度を高められる

――羊一さんは、なぜここまで必死に時間を捻出してVoicyで発信をし続けるのか、いつか聞いてみたいと思っていたんです。今、ちょっとわかった気がします。究極は「世界を幸せにするため」なんですね。

そのとおりです。世界を幸せにするために、仲間を募っている活動でもありますね。もうね、驚くほどたくさんの方が聴いてくれていて、「あの放送、共感しました！」「元気出ました！」とか言ってくれるわけですよ。それだけでもう「仲間」ですよね。名刺交換なんて要らないよねっていう関係から始められます。

同時に、Ｖｏｉｃｙは「俺は今、こんなことを考えています」と意思表示や宣言をするステージでもあり、武蔵野ＥＭＣの情報を広く宣伝できる発信場でもありますね。

あともう一つ、今日こうやって振り返りながら、まさに「話す 聞く 考える」を実践して気づいたこととして、Ｖｏｉｃｙは自己認識の感度を高める最高の材料ですね。

日々発している徒然草の一篇を積み重ねていくと、自分自身の本質がおぼろげながら見えてくるんです。全然完璧ではないし、まだまだやれることはいっぱいある未完成な自分だけれど、全部引っくるめて、「これが俺である」という自己認識が形成されていく。自分自身を理解する感度が高まっていくんですよね。今回、本の形にまとめたことで、その輪郭がさらに明確になった気がしているんですが。自分のありのままの本質を理解できるって、きっと幸せなことで。多くの人は自分自身の本質をうまくつかめないまま、背伸びをしたり、萎縮したり、どこか苦しんでいるじゃないですか。

——自分の本質をうまくつかめずに苦しんでいる人、多いですね。

それはすごくもったいないよなと思うんです。自分を好きになれずにどこか生きづらさを抱える人生というのは。

自分を好きになるための出発点は、いいところも悪いところも含めて自分のことを知ることじゃないかなと思うんです。僕も20代でまったく仕事ができずに落ち込んで、自分が好きになれずにもがき続けたからわかる。でも、こうやって浮上して、今、苦行に立ち向かいながらも「充実した人生だぜ」と思える自分に変われたんですよね。人は絶対変われるし、何歳からでも成長できると信じているし、その姿を示したい。「俺を見てくれ。今、苦しくても、絶対にどうにかできる」と伝えたいんですよね。これからもずっと言い続けると思います。

――かつて生きづらい時期を経験して乗り越えた羊一さんが言うから、勇気づけられますね。自分の言葉で今日の自分の気持ちを表現する活動を始めるといいのでしょうか？

いいと思います。Ｖｏｉｃｙに限らず、誰でも発信できるツールはだいぶ普及しているので、日々の徒然草を発信してみるといいですよね。自分自身を見つめて、自分自身を理解する時間になりますから。

――〝生煮えのもの〟でいいから、ということですね。

はい、ぜひ。僕は「生きづらさ」はもう感じなくなりましたね。苦行だし、しんどいけれど、生きづらくない。まるっきり変わりました。

むしろ今は、自ら進んで苦行に飛び込みまくっている毎日ですね。やっぱりちゃんと苦行に向き合わないと成果は出ないし。人に対して「甘えるな」とか偉そうなことは絶対に言いたくないけれど、少なくとも自分の行動では示していきたいなと思っているんですよね。実際、死ぬほど頑張ってます。努力しています。だから、正直に、「今日もしんどい」って言うし、でも、言った方がいいと思っています。僕は全部見せて、感じてもらいたいので。以前、SNSで誰かが「伊藤羊一という人は、毎日毎日ここまでやっている。簡単に諦めちゃいけないなと刺激をもらえた」という感想をつぶやいてくれていて、「あ、そうそうそう」って胸の内で拍手しました。そこは否定しないです。ぶっ倒れそうな姿も見せるけれど、それだけじゃないぜ、という姿も見せる。絶対に成果を出してやるという気概と、結果を出した後の充実感。全部セットで伝えたいと思っていますね。

――まさに伊藤羊一さんのあり方、〝生きざまを乗せた〟表現なのですね。

才能ではないんだと。才能があるから成果を出せるのではなくてつらくても努力をするから実を結ぶのだと。なぜつらくても努力できるのかというと達成の充実感が最高だからなんだよと。この一連のメッセージが届くといいなと思って毎日喋っているんです。

――じっくりと聞かせていただき、ありがとうございました。最後に、音声と本、どちらも楽しみたい読者に向けてメッセージをお願いします。

改めて、この本を手に取っていただき、ありがとうございます。

各項目にはＶｏｉｃｙの放送回に飛べるＱＲコードがついています。声のトーンやライブ感を楽しめる音声と、パパパッと読んで効率的に要点をインプットしやすい活字と、それぞれの良さがあると思うので、ぜひその違いを味わっていただきたいと思います。読んだ方に、そのインプットの質の違いや活用法を聞いてみたいですね。

――私だったら、定期的な振り返りとして本を時々めくって、その時にピンと来た項目をまず読む。そして音声でも聴きたくなったらVoicyでライブ感も味わってみる。そんなサイクルを試したいなと思いました。

おお、それもいいですね。ぜひそれぞれのライフスタイルに合う方法でお楽しみいただき、「話す 聞く 考える」の学びのサイクルを身につける参考にしてもらえると嬉しいです。

ということで、また明日、元気に会いましょう。バイバイ！

おわりに

いかがでしたでしょうか。

話し口調のリズムを文章に反映させたいという思いがあり、それを壊さない範囲での修正をしてはいますが、若干、話し言葉特有の回りくどさが残っているかもしれません。自分自身、こんなに自分の話し方って癖があるんだな、とびっくりするほどでした。

あと、違う放送回で、何回も同じことを言っていることがあります。通常の書籍ですと、重複がないように編集するのでしょうが、本書ではほぼ、そのままにしました。何回も繰り返し言っているということは重要なことなんだ、伊藤羊一が皆さんに伝えたいことなんだと思っていただければ幸いです。

そういったところに多少目をつむりながら、一方で本書において大事にしたいと思ったのが「ライブ感」です。

僕は、年に３００回ほど講演やワークショップなど、人前に出る機会がありますが、それを「ライブ」と呼んでいます。若い頃にバンドでボーカルをやっていたのですが、その時にライブをしていたような感じで今もやっているからです。ですので、「登壇する」と言わず、「ステージに上がる」と言っていたりもします。

そういう比喩で言いますと、書籍は、アルバムを出すようなものです。そしてアルバムを出したら、ライブツアーに出る。アルバム、ツアー、アルバム、ツアーの繰り返しをしている、ということです。

そして本書は、初めての〈ライブアルバム〉になります。もちろん、音声をそのまま掲載しているわけではないですが、『1分で話せ』などの書籍は言わばスタジオレコーディングで制作したアルバム。本書は一発録りでライブを収めた〈ライブアルバム〉なんです。そんな想いがあり、「ライブ感」を大切にしました。

ライブ感を、感じていただけましたでしょうか。

より、ライブ感を味わっていただくために、スペシャル音声コンテンツを用意いたしましたのでそちらも楽しんでください。

そして、「おお、ライブいいね！」と思っていただけましたら、ぜひＶｏｉｃｙの僕の「明日からの元気の源になる話」にお越しいただければ幸いですし、他のパーソナリティの放送も楽しんでみてください。Ｖｏｉｃｙは、音声ならではの良さに溢れています。

今回の書籍化は、事情により、相当時間がかかってしまいましたが、それを乗り越えて書籍化に尽力いただきました編集の近藤碧さんには心より感謝を申し上げます。ありがとうございました。ようやっと世に出すことができます。

また、様々なところでご一緒いただいているライターの宮本恵理子さんに、スペシャルインタビューをしていただきました。このインタビューは、僕のこの〈ライブアルバム〉の「解説」にあたります。インタビューが入ったことにより、内容がスッキリ締まりました。ありがとうございました。

この書籍を読んでいただいた皆さまのスキルが鍛えられ、よりお仕事の成果を出されますように。

２０２４年4月

伊藤羊一

本書のご購入をいただいた方に
スペシャル音声コンテンツをお贈りします！

『聞く技術：3つのパターン』

こちらのQRコードを読み取ってアクセスしてください。

https://youtu.be/NTfr1gdyXW4

最後までお読みいただき、ありがとうございます。本コンテンツへのアクセスは予告なく、一定期間をもって終了する場合もございますので、ご了承ください。

＜著者略歴＞
伊藤　羊一（いとう・よういち）
武蔵野大学アントレプレナーシップ学部 学部長
Musashino Valley代表、LINEヤフーアカデミア学長、Voicyパーソナリティ
アントレプレナーシップを抱き、世界をより良いものにするために活動する次世代リーダーを育成するスペシャリスト。2021年に武蔵野大学アントレプレナーシップ学部（武蔵野EMC）を開設し学部長に就任。2023年6月にスタートアップスタジオ「Musashino Valley」をオープン。「次のステップ」に踏み出そうとするすべての人を支援する。また、LINEヤフーアカデミア学長として次世代リーダー開発を行う。
代表作『1分で話せ』（SBクリエイティブ）は60万部超のベストセラーに。その他、『1行書くだけ日記』（SBクリエイティブ）、『FREE, FLAT, FUN』（KADOKAWA）、『「僕たちのチーム」のつくりかた』（ディスカヴァー・トゥエンティワン）などの著書がある。

会社に縛られずに生きる「武器」
話す 聞く 考える

2024年5月1日　　第1刷発行

著　者　伊藤羊一
発行者　唐津 隆
発行所　株式会社ビジネス社

〒162-0805　東京都新宿区矢来町114番地 神楽坂高橋ビル5F
電話　03(5227)1602　FAX　03(5227)1603
https://www.business-sha.co.jp

〈ブックデザイン〉小口翔平＋嵩あかり＋後藤司（tobufune）
〈本文組版〉マジカル・アイランド
〈編集協力〉白谷輝英（伝）
〈印刷・製本〉中央精版印刷株式会社
〈営業担当〉山口健志
〈編集担当〉近藤 碧

ISBN978-4-8284-2618-1